◆◆◆ 영어총알정복 시리즈 ◆◆◆

수능 잡아먹는
VOCA

Daily
완성편

영어총알정복 시리즈

수능 잡아먹는 **VOCA** | **Daily** 완성편 |

초판 1쇄 인쇄 2016년 7월 15일
초판 1쇄 발행 2016년 7월 22일

지은이 신상현
펴낸이 김선식

경영총괄 김은영
사업총괄 최창규
책임편집 유화정   **책임마케터** 이상혁
콘텐츠개발6팀장 박현미   **콘텐츠개발6팀** 유화정, 임지은, 임보윤, 이소연
마케팅본부 이주화, 정명찬, 이상혁, 최혜령, 양정길, 박진아, 김선욱, 이승민, 김은지
경영관리팀 송현주, 권송이, 윤이경, 임해랑, 김재경
외부스태프 **교정교열** 이은영   **표지디자인** 김수미   **본문디자인** 손혜정

펴낸곳 다산북스   **출판등록** 2005년 12월 23일 제313-2005-00277호.
주소 경기도 파주시 회동길 37-14 2, 3, 4층
전화 02-702-1724(기획편집) 02-6217-1726(마케팅) 02-704-1724(경영지원)
팩스 02-703-2219   **이메일** dasanbooks@dasanbooks.com
홈페이지 www.dasanbooks.com   **블로그** blog.naver.com/dasan_books
종이 한솔피엔에스   **인쇄** 갑우문화사

© 2016, 신상현

ISBN 979-11-306-0892-1 (54740)
　　　 979-11-306-0878-5 (54740) (SET)

영어총알정복 시리즈

수능 잡아먹는
VOCA

Daily
완성편

신상현 지음

BEYOND
A·L·L

영어 단어는 영어 시험 준비에 있어서 가장 중요한 역할을 합니다. 단어를 모르면 문법 적용이나 독해가 불가능한 것은 기본이고 학교에서 영어 수업을 따라가기도 버거워지기 때문이지요. 따라서 이렇게 중요한 영어 단어를 보다 빠르게 익힐 수만 있다면 수업을 어렵지 않게 따라가게 될 뿐만 아니라 수능 시험에서 당연히 좋은 결과를 얻을 수 있을 것입니다.

고교 내신 영어와 수능 시험에서 필수적으로 암기해야 하는 영단어는 약 4,000~5,000개에 달합니다. 이렇게 많은 단어를 단순 암기를 통해서 외우는 것은 상당히 곤혹스러운 일이고 열심히 단어를 암기하였다고 해도 며칠 못 가서 대부분 잊어버리는 것이 현재 고등학생들의 모습입니다. 현재 시중에는 이러한 어려움을 해결해준다고 주장하는 많은 영단어 교재들이 나와 있습니다. 그러나 이러한 교재들의 공통점은 아무런 체계 없이 단순히 어원을 익혀서 암기하는 것을 강조하거나 아니면 우스갯소리로 짜 맞추어 학생들의 흥미를 돋우고 있다는 것입니다. 이러한 방법들이 처음에는 도움이 될 수도 있겠지만 공부를 해나갈수록 많은 단어를 암기해야 하는 학생들의 입장에서는 오히려 머릿속에 혼동을 일으켜 그냥 암기할 때와 별 차이를 못 느끼게 됩니다.

현재 고등학생들은 중학교 3년 동안 혹은 초등학교 때부터 매일 열심히 영어 단어를 익혀왔을 것입니다. 그러나 상위권 학생들 몇몇을 제외하고는 막상 고등학생이 되었을 때 암기하고 있는 단어는 그다지 많지 않습니다. 주위의 여러 고등학교 영어선생님과 얘기를 나눠보아도 교과서 중심인 현재 교육에서 영어 단어는 무조건적인 암기가 최우선이 되고 있는 현실입니다.

《수능 잡아먹는 VOCA》 시리즈는 이런 식의 단순 암기에 지친 학생들이 영어를 포기하는 것이 아니라 오히려 단어 암기에 재미를 느껴 좋은 성적으로 이어지도록 만든 책입니다. 〈어원편〉에서는 '생기초편', '확장편', '종합편' 이렇게 세 가지 섹션으로 나누어 학생들의 실력을 점진적으로 높일 수 있도록 하였는데, '생기초편'에서는 최대한 학생들의 눈높이에 맞춰 가장 기초적인 단어들을 이야기를 통해 정리했고, '확장편'에서는 어느 정도 기초 단어를 익힌 상태에서 좀 더 다양한 파생어와 변화 형태를 이해할 수 있도록 구성하였으며, '종합편'에서는 기초적이고 기본적인 단어의 체계와 변화를 모두 익힌 학생이라면 충분히 학습할 수 있는 내용으로 구성하였기에 학습하면서 재미와 학습 효과를 동시에 느낄 수 있을 것입니다. 본 교재인 〈Daily 완성편〉에서는 기초적인 단어부터 수능에 출제된 고급 어휘까지 매일 100단어 이상을 스스로 빠르게 익힐 수 있도록 구성하였습니다. 하루 100단어 학습이 부담스럽게 느껴질 수도 있겠지만 〈어원편〉을 충실히 공부했다면 그것을 기반으로 하여 단어가 어떻게 확장되는지를 이미 파악하고 있는 상태이므로 큰 어려움은 없을 것입니다.

영어 공부에서 가장 중요한 것은 얼마나 많은 단어를 잘 알고 있느냐는 것입니다. 따라서 이 책에서 소개한 단어들만 꾸준하고 성실하게 공부한다면 성적이 오르는 것은 물론이고 영어 학습에 재미가 붙어 원하는 점수에 도달하는 기쁨을 맛보게 될 것입니다.

신상현

1 체계적인 어근 학습법 제시

기존의 어근 학습법은 단순하게 어근에서 파생된 단어를 알파벳순으로 익히거나 접두사나 접미사를 기반으로 익히는 것이었습니다. 어근으로 공부하는 것이 가장 효과적이라는 것은 현재 영어 교육 관계자들이 모두 인정하는 바이지만 어근의 "체계와 변화"를 무시한 채 단순히 어근에서 파생된 단어를 암기하는 것은 오히려 막 외우는 단순 암기보다 나은 효과를 거두지 못할 때가 더 많습니다.

대부분의 영어 단어들은 과거 로마에서 사용되었던 라틴어를 기반으로 생겨났습니다. 특히 t로 끝나는 단어나 se, ss로 끝나는 단어들은 라틴어에서 사용되었던 과거분사 형태이고, 이 단어들이 현재까지 남아서 대부분의 현대 영어에서 동사로 사용되고 있습니다. 이러한 t, se, ss로 끝나는 단어들은 -ion을 붙여 명사형을, -ive를 붙여 형용사형을, -or를 붙여 사람 또는 사물 명사를 만듭니다. 실제 단어의 예를 들면 act는 action, active, actor로 확장되는 것이고, select는 selection, selective, selector로 파생되는 것이죠. 이와 같은 단순한 체계만 익혀도 무작정 단어를 암기할 때와는 비교도 할 수 없을 정도로 빠르게 단어를 암기 할 수 있습니다.

이러한 t의 법칙, se[ss] 법칙 등 다양한 법칙을 통하여 단어들을 아주 쉽고 재미있게 익힐 수 있는 한편, 단어의 변화 과정을 파악하는 것도 단어 학습의 한 방법이 될 수 있습니다. 영어 단어에도 역사가 있어 각 단어마다 파생되면서 다양한 변화를 가졌는데, 이러한 변화 역시 체계적으로 순서에 맞게 정리하였기에 학생들 스스로 단어를 만들어 내거나 유추하면서 영단어 학습의 재미를 느끼게 될 것입니다.

2   Word Mapping을 통한 정리와 복습

이 책은 기존 교재들과의 확고한 차별성을 가지고 만들어졌으며, 특히 학생들의 입장을 최대한 배려하여 구성했습니다. 필자는 수년간 수많은 학생들을 가르치고 면담하면서 학생들이 느끼는 단어 암기의 가장 큰 고충은 암기한 단어가 정리되지 않는다는 것임을 알게 되었습니다. 이 책은 그러한 학생들의 고충을 해결하고자 파생된 단어를 한 번에 이해하고 살펴볼 수 있도록 Word Mapping으로 정리를 하였습니다. 마치 지도만 있으면 언제든지 원하는 장소가 어디에 있는지 한눈에 알 수 있는 것처럼 Word Mapping을 활용하면 어근에서 어떻게 개별 단어로 확장되는지 전체적인 흐름을 한눈에 파악할 수 있습니다. 체계적인 어근 학습법을 통해 어휘를 익힌 학생들은 이 Mapping을 통해서 다시 한 번 단어를 정리할 수 있고, 또 반복적인 복습으로 완벽하게 단어를 자신의 것으로 만들게 될 것입니다. 이러한 Mapping 학습 방법은 현재 영어권에서 가장 뛰어난 학습 방법 중 하나로 꼽히고 있습니다.

3   100% 수능 시험과 교과서에 나왔던 단어들로만 구성

1년이 넘는 시간 동안 필자와 조교들은 총 30권의 교과서 및 그 동안 출제되었던 수능, 모의평가의 단어들을 일일이 정리하여 그 중 가장 필수적이고 공통적인, 꼭 필요한 단어들을 선별하여 이 책에 실었습니다. 각 단어의 뜻도 기존 국내 사전에 실린 뜻보다는 내신 성적과 수능 시험을 위해 교과서나 수능 시험에서 사용되는 뜻을 고려하여 실었습니다. 간혹 교과서마다 뜻이 조금씩 다른 단어들은 공통적으로 가장 많이 사용되는 뜻을 사용하였습니다.

〈수능 잡아먹는 VOCA – Daily 완성편〉 이렇게 공부하세요!

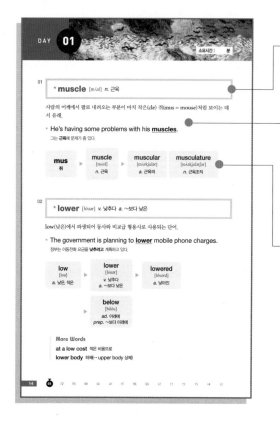

• 데이별로 **20개의 표제어**를 선정 하여 **난이도별**로 구분하였습니다.

• 각 표제어별로 간략한 **어원 설명** 과 **기출 예문**을 추가하여 보다 쉽게 암기할 수 있도록 구성하였으 며, 각 단어와 예문을 녹음한 데이별 **MP3**를 무료로 제공합니다.

• 각 표제어의 **어원부터 다양한 파생어까지** 한눈에 익힐 수 있는 **워드맵**을 구성하였습니다. 하나의 어원에서 수많은 단어들이 뻗어나간 과정을 이해하면서 자연스럽게 여러 단어들을 한 번에 학습하는 효과를 거둘 수 있습니다.

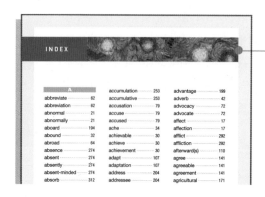

• 이 책에 있는 단어를 한데 모아 **알파벳순으로 정리**했습니다. 각 단어별 해당 페이지를 명시하 여 그 의미와 쓰임을 찾아보기 쉽 도록 만들었습니다.

CONTENTS

〈수능 잡아먹는 VOCA – Daily 완성편〉 학습 계획표

★ 참고용으로 제시된 다음 학습 계획표를 보고 자신에게 맞는 단어 학습을 시작해보세요.
학습한 단어들을 잘 암기했는지 그날그날 직접 테스트해보세요.

● 30일 완성 과정

DAY	DAY 01	DAY 02	DAY 03	DAY 04	DAY 05
1차 학습일	월 일	월 일	월 일	월 일	월 일
맞힌 개수	/ 20	/ 20	/ 20	/ 20	/ 20
2차 학습일	월 일	월 일	월 일	월 일	월 일
맞힌 개수	/ 20	/ 20	/ 20	/ 20	/ 20

DAY	DAY 06	DAY 07	DAY 08	DAY 09	DAY 10
1차 학습일	월 일	월 일	월 일	월 일	월 일
맞힌 개수	/ 20	/ 20	/ 20	/ 20	/ 20
2차 학습일	월 일	월 일	월 일	월 일	월 일
맞힌 개수	/ 20	/ 20	/ 20	/ 20	/ 20

DAY	DAY 11	DAY 12	DAY 13	DAY 14	DAY 15
1차 학습일	월 일	월 일	월 일	월 일	월 일
맞힌 개수	/ 20	/ 20	/ 20	/ 20	/ 20
2차 학습일	월 일	월 일	월 일	월 일	월 일
맞힌 개수	/ 20	/ 20	/ 20	/ 20	/ 20

DAY	DAY 16	DAY 17	DAY 18	DAY 19	DAY 20
1차 학습일	월 일	월 일	월 일	월 일	월 일
맞힌 개수	/ 20	/ 20	/ 20	/ 20	/ 20
2차 학습일	월 일	월 일	월 일	월 일	월 일
맞힌 개수	/ 20	/ 20	/ 20	/ 20	/ 20

DAY	DAY 21	DAY 22	DAY 23	DAY 24	DAY 25
1차 학습일	월 일	월 일	월 일	월 일	월 일
맞힌 개수	/ 20	/ 20	/ 20	/ 20	/ 20
2차 학습일	월 일	월 일	월 일	월 일	월 일
맞힌 개수	/ 20	/ 20	/ 20	/ 20	/ 20

DAY	DAY 26	DAY 27	DAY 28	DAY 29	DAY 30
1차 학습일	월 일	월 일	월 일	월 일	월 일
맞힌 개수	/ 20	/ 20	/ 20	/ 20	/ 20
2차 학습일	월 일	월 일	월 일	월 일	월 일
맞힌 개수	/ 20	/ 20	/ 20	/ 20	/ 20

수능 잡아먹는
VOCA
Daily 완성편

《수능 잡아먹는 VOCA − 어원편》에서는 각 어근별로 하나의 어근에서 파생된 수많은 단어들을 한꺼번에 배우고 익혔다. 그러나 영어 단어들은 수많은 어근에서 파생되어 나왔으며, 어떤 단어들은 짧게 파생되어 하나의 어근에서 파생된 단어가 3~4개뿐인 경우도 있고, 또 같은 어근이지만 철자가 바뀌어 쓰이게 된 단어들도 무수히 존재한다. 《수능 잡아먹는 VOCA − Daily 완성편》은 하나의 어근에서 짧게 퍼져 나간 단어들과 중간에 어근이 바뀐 후 파생된 단어들을 중심으로 매일 100여 개의 단어를 30일 동안 학습할 수 있도록 구성했다. 어원편에서 학습한 법칙에 근거해서 대부분의 단어들이 파생되어 나오기 때문에 어원편에서와 마찬가지로 어근을 이해하고 그 어근에서 파생된 단어를 익히면 무리 없이 빠르게 많은 단어들을 완전히 습득할 수 있을 것이다. 특히 이 《Daily 완성편》은 하루에 20개의 표제어를 제시하고, 각 표제어가 만들어진 과정에 대한 간단한 설명을 곁들여 한눈에 보이는 미니 맵 형식으로 파생어들을 실어놓았기에 쉽게 어휘를 학습하는 데 큰 도움이 될 것이다. 또한 각 표제어마다 난이도가 표시되어 있는데, 매일 기초 어휘부터 수준 높은 어휘(수능 기출)까지 한 번에 익힐 수 있도록 구성했다.

단어의 수준 표시

*   **수능 기초 어휘**
**   **수능 필수 어휘**
*** **수능 고급 어휘**

01

> ★ **muscle** [mʌ́sl] *n.* 근육

사람의 어깨에서 팔로 내려오는 부분이 마치 작은(cle) 쥐(mus = mouse)처럼 보이는 데서 유래.

- He's having some problems with his **muscles**.
  그는 **근육**에 문제가 좀 있다.

| **mus**
쥐 | ▶ | **muscle**
[mʌ́sl]
n. 근육 | ▶ | **muscular**
[mʌ́skjulər]
a. 근육의 | **musculature**
[mʌ́skjulətʃər]
n. 근육조직 |

02

> ★ **lower** [lóuər] *v.* 낮추다 *a.* ～보다 낮은

low(낮은)에서 파생되어 동사와 비교급 형용사로 사용되는 단어.

- The government is planning to **lower** mobile phone charges.
  정부는 이동전화 요금을 **낮추려고** 계획하고 있다.

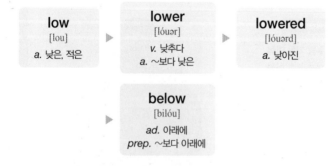

| **low**
[lou]
a. 낮은, 적은 | ▶ | **lower**
[lóuər]
v. 낮추다
a. ～보다 낮은 | ▶ | **lowered**
[lóuərd]
a. 낮아진 |

▶ **below**
[bilóu]
ad. 아래에
prep. ～보다 아래에

More Words

at a low cost 적은 비용으로
lower body 하체(↔ upper body 상체)

⋆ **connect** [kənékt] *v.* 연결[연관]하다

'묶다'라는 뜻을 지닌 nect와 '함께'를 뜻하는 con이 결합하여 생긴 단어.

• The FBI is **connecting** this incident with last week's suicide bombing.

FBI는 이 사건을 지난주의 자살 폭탄 사건과 **연관 짓고** 있다.

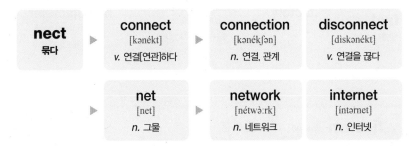

nect 묶다	connect [kənékt] *v.* 연결[연관]하다	connection [kənékʃən] *n.* 연결, 관계	disconnect [dìskənékt] *v.* 연결을 끊다
	net [net] *n.* 그물	network [nétwə̀:rk] *n.* 네트워크	internet [íntərnet] *n.* 인터넷

⋆ **research** [risə́:rtʃ] *n.* 조사[연구] *v.* 조사[연구]하다

알아내기 위해 반복적으로 다시(re) 찾는(search) 데서 유래.

• He's **researching** a possible cure for AIDS.

그는 에이즈에 대한 가능한 치료책을 **연구하고** 있다.

search [sə:rtʃ] *n.* 찾기, 수색, 검색 *v.* 찾다(for)	research [risə́:rtʃ] *n.* 조사[연구] *v.* 조사[연구]하다	researcher [risə́:rtʃər] *n.* 조사원, 연구원

05

** manufacture [mænjufǽktʃər] v. 제조하다, 지어내다 n. 제조

손(manu)으로 직접 만드는(fact) 데서 유래.

- She **manufactured** a story in order to get out of trouble.
  그녀는 곤경에서 벗어나기 위해서 이야기를 **지어냈다**.

fact
만들다
▶
factory
[fǽktəri]
n. 공장
manufacture
[mænjufǽktʃər]
v. 제조하다, 지어내다
n. 제조
▶
manufacturer
[mænjufǽktʃərər]
n. 제조업자

06

** fiction [fíkʃən] n. 소설, 허구

사실이 아닌 이야기를 만드는(fict) 데서 유래.

- She knew I would become a famous **fiction** writer.
  그녀는 내가 유명한 **소설**가가 되리라는 것을 알고 있었다.

fict
만들다
▶
fiction
[fíkʃən]
n. 소설, 허구
▶
fictional
[fíkʃənl]
a. 소설의, 허구적인

More Words

non-fiction [nànfíkʃən] n. 실화
science fiction 공상과학소설(= SF)

** affect [əfékt] *v.* 영향을 미치다

상대방(af)에게 어떠한 인상이나 감동 같은 것들을 만들어(fect) 주는 데서 유래.

- A forest fire in Brazil can **affect** the weather in Moscow by creating huge dust clouds.

  브라질의 산불은 거대한 먼지 구름을 만듦으로써 모스크바의 날씨에 **영향을 미칠** 수 있다.

| fect 만들다 | ▶ | affect [əfékt] *v.* 영향을 미치다 | ▶ | affection [əfékʃən] *n.* 애정 | unaffected [ʌnəféktid] *a.* 영향 받지 않은 |

More Words

affected by ~에 영향을 받은

** effect [ifékt] *n.* 효과, 영향, 결과

자신이 하거나 만든(fect) 일이 밖(ef)으로 퍼져나가는 데서 유래.

- Sometimes the outcome has a negative **effect** on other outcomes.

  가끔 결과가 다른 결과들에게 부정적인 **영향**을 끼친다.

| fect (= fic) 만들다 | ▶ | effect [ifékt] *n.* 효과, 영향, 결과 | ▶ | effective [iféktiv] *a.* 효과적인 | ▶ | effectively [iféktivli] *ad.* 효과적으로 | effectiveness [iféktivnis] *n.* 효과적임, 유효성 |

| efficiency [ifíʃənsi] *n.* 효율 | ▶ | efficient [ifíʃənt] *a.* 효율적인 | ▶ | efficiently [ifíʃəntli] *ad.* 효율적으로 |

** defect [díːfekt] *n.* 결점, 결함

만든(fect) 것에서 일부가 떨어져(de) 나가는 데서 유래.

- This small **defect** greatly reduces their value.

  이 작은 **결점**이 그것의 가치를 대단히 떨어뜨린다.

** infectious [infékʃəs] *a.* 전염되는

상대방에게 나쁜(in) 것을 만들어(fect) 주는 데서 유래.

- The immune system fights off **infectious** agents.

  면역체계는 **전염성** 병원체를 싸워 물리친다.

11

** innumerable [injú:mərəbl] *a.* 무수한, 셀 수 없는

숫자(numer = number)가 셀 수 없을(in) 만큼 많은 것을 표현하는 데서 유래.

- You can see **innumerable** stars in the night sky.

  너는 밤하늘에 있는 **무수한** 별들을 볼 수 있다.

numer
숫자

▶ **numerable**
[njú:mərəbl]
a. 셀 수 있는

▶ **innumerable**
[injú:mərəbl]
a. 무수한, 셀 수 없는

▶ **numeral**
[njú:mərəl]
n. 숫자 *a.* 숫자의

numerous
[njú:mərəs]
a. 수많은

12

** lengthy [léŋkθi] *a.* 장황한, 너무 긴

'길이'를 의미하는 length에서 유래.

- Many airline passengers faced **lengthy** delays because of the strike.

  많은 비행기 승객들은 파업으로 인해 아주 **긴** 지연에 직면했다.

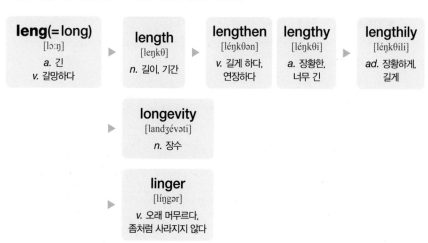

leng(= long)
[lɔːŋ]
a. 긴
v. 갈망하다

▶ **length**
[leŋkθ]
n. 길이, 기간

▶ **lengthen**
[léŋkθən]
v. 길게 하다,
연장하다

lengthy
[léŋkθi]
a. 장황한,
너무 긴

▶ **lengthily**
[léŋkθili]
ad. 장황하게,
길게

longevity
[landʒévəti]
n. 장수

linger
[líŋgər]
v. 오래 머무르다,
좀처럼 사라지지 않다

More Words

long face 시무룩한 얼굴

13

★★ similar [símələr] *a.* 유사한, 비슷한

같은(simil = same) 성질을 지닌 것을 표현하는 데서 유래.

- John is very **similar** in appearance to his brother.
  존은 그의 형과 매우 **비슷한** 외모를 지니고 있다.

| simil 같은 | similar [símələr] a. 유사한, 비슷한 | similarity [siməlǽrəti] n. 유사성 | similarly [símələrli] ad. 유사하게, 마찬가지로 | dissimilar [dissímələr] a. 같지 않은 |

> **More Words**
> in a similar way 비슷한 방식으로

14

★★ simulate [símjulèit] *v.* 가장[모방]하다, 모의실험을 하다

같게(simul) 만드는(ate) 데서 유래.

- With cheap furniture, plastic is often used to **simulate** wood.
  값싼 가구에서 플라스틱은 나무를 **모방하는** 데 종종 사용된다.

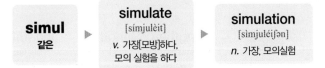

| simul 같은 | simulate [símjulèit] v. 가장[모방]하다, 모의 실험을 하다 | simulation [sìmjuléiʃən] n. 가장, 모의실험 |

15

** patriot [péitriət] *n.* 애국자

그리스어로 '아버지'를 의미하는 patri와 '사람'을 의미하는 ot가 합쳐져 가정을 지키는 아버지처럼 나라를 지키고 사랑하는 사람을 의미하여 생겨난 단어.

- He was a proud **patriot** who died for our nation's future.

  그는 우리 국가의 미래를 위해 목숨을 바친 자랑스러운 **애국자**였다.

patri
아버지

patriot
[péitriət]
n. 애국자

patriotic
[pèitriátic]
a. 애국적인

patriotism
[péitriətizm]
n. 애국심

16

** abnormal [æbnɔ́:rməl] *a.* 비정상적인

평범한 상태(normal)를 벗어난(ab) 데서 유래.

- He thought her behavior was **abnormal**.

  그는 그녀의 행동을 **비정상적**이라고 생각했다.

norm
[nɔːrm]
n. 기준,
(*pl.*) 규범

normal
[nɔ́ːrməl]
a. 보통의,
평범한

normally
[nɔ́ːrməli]
ad. 평범하게

abnormal
[æbnɔ́:rməl]
a. 비정상적인

abnormally
[æbnɔ́:rməli]
ad. 비정상적으로

enormous
[inɔ́:rməs]
a. 거대한, 막대한

enormously
[inɔ́:rməsli]
ad. 거대하게

17

★★★ **tragedy** [trǽdʒədi] *n.* 비극

trag(염소)와 edy(노래)가 합쳐져 생긴 단어로 슬프게 들리는 염소의 울음처럼 슬픈 상황을 표현하는 데서 유래.

● Hitler's invasion of Poland led to the **tragedy** of the Second World War.

히틀러의 폴란드 침공은 제2차 세계대전의 **비극**을 이끌었다.

| **tragedy**
[trǽdʒədi]
n. 비극 | ▶ | **tragic**
[trǽdʒik]
a. 비극적인 | ▶ | **tragically**
[trǽdʒikəli]
ad. 비극적으로 |

18

★★★ **segregate** [ségrigèit] *v.* 분리하다, 차별하다

한곳에 모여 있는 무리(greg)를 떼어(se) 놓는 데서 유래.

● Blacks used to be **segregated** from whites in schools.

학교에서 흑인들은 백인들로부터 **분리되곤** 했다.

| **greg**
무리, 떼 | ▶ | **segregate**
[ségrigèit]
v. 분리하다,
차별하다 | ▶ | **segregation**
[sègrigéiʃən]
n. 분리, 차별 |
| | | **desegregate**
[di:ségrigèit]
v. 인종 차별 정책을
철폐하다 | ▶ | **desegregation**
[di:sègrəgéiʃən]
n. 인종 차별 폐지 |

19

*** **minimize** [mínəmàiz] *v.* 최소화하다

'작은'을 의미하는 min과 최상급을 나타내는 im이 결합하여 생긴 단어.

- The swimmer's swimsuit was designed to **minimize** water resistance.
  그 수영선수의 수영복은 물의 저항을 **최소화하도록** 디자인되었다.

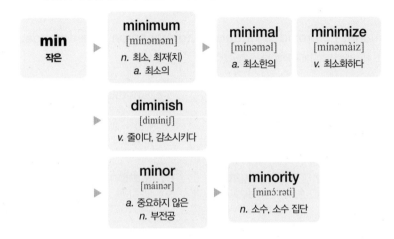

min 작은 ▶	**minimum** [mínəməm] *n.* 최소, 최저(치) *a.* 최소의

▶ **minimal** [mínəməl] *a.* 최소한의   **minimize** [mínəmàiz] *v.* 최소화하다

▶ **diminish** [dimíniʃ] *v.* 줄이다, 감소시키다

▶ **minor** [máinər] *a.* 중요하지 않은 *n.* 부전공 ▶ **minority** [minɔ́:rəti] *n.* 소수, 소수 집단

20

*** **maximize** [mǽksəmàiz] *v.* 최대화하다

'큰'을 의미하는 max(= maj)와 최상급을 나타내는 im이 결합하여 생긴 단어.

- She rearranged the furniture to **maximize** the space in her small apartment.
  그녀는 작은 아파트의 공간을 **최대화하기** 위해 가구를 재배치하였다.

max(= maj) 큰 ▶	**maximum** [mǽksəməm] *n.* 최대, 최고(치) *a.* 최대의

▶ **maximal** [mǽksəməl] *a.* 최대한의   **maximize** [mǽksəmàiz] *v.* 최대화하다

▶ **major** [méidʒər] *a.* 더 큰, 주요한 *n.* 전공 *v.* ~을 전공하다(in) ▶ **majority** [mədʒɔ́:rəti] *n.* 대다수, 대부분

▶ **majesty** [mǽdʒəsti] *n.* 장엄함 ▶ **majestic** [mədʒéstik] *a.* 장엄한, 위풍당당한

01

> ★ **valuable** [vǽljuəbl] *a.* 귀중한, 값비싼

아주 가치(value)가 큰 것을 표현하는 데서 유래.

• The magazine provides **valuable** information on recent trends.
그 잡지는 최근의 동향에 대해 **귀중한** 정보를 제공한다.

value
[vǽljuː]
n. 가치, 평가
v. 귀중히[소중히] 여기다

▶ **valuable**
[vǽljuəbl]
a. 귀중한, 값비싼

▶ **invaluable**
[invǽljuəbl]
a. 헤아릴 수 없는, 매우 귀중한
n. (pl.) 귀중품

▶ **evaluate**
[ivǽljuèit]
v. 평가하다

▶ **evaluation**
[ivæ̀ljuéiʃən]
n. 평가

02

> ★ **admiration** [æ̀dməréiʃən] *n.* 감탄, 존경

자신 앞(ad)에서 펼쳐진 놀라운(mire) 것을 표현하는 데서 유래.

• My **admiration** for that man grows daily.
저 남성에 대한 내 **존경**은 날이 갈수록 커져 간다.

mire
놀라다

▶ **admire**
[ædmáiər]
v. 감탄[칭찬]하다,
존경하다

▶ **admiration**
[æ̀dməréiʃən]
n. 감탄, 존경

admirable
[ǽdmərəbl]
a. 존경할 만한

admiral
[ǽdmərəl]
n. 해군 단장

▶ **miracle**
[mírəkl]
n. 기적

▶ **miraculous**
[mirǽkjuləs]
a. 기적적인

▶ **miraculously**
[mirǽkjuləsli]
ad. 기적적으로

03

★ **punishment** [pʌ́niʃmənt] *n.* 처벌

과거 '벌'을 의미하던 pun(= pen)에서 유래되어 punish는 벌을 주는 '처벌하다'라는 뜻
이 되었고 punishment는 명사로 쓰이게 되었다.

• **Punishment** was considered as a matter of course in prison.

감옥에서 **처벌**은 당연한 일로 여겨졌다.

pun(=pen)
벌

▶ **punish**
[pʌ́niʃ]
v. 처벌하다

▶ **punishment**
[pʌ́niʃmənt]
n. 처벌

▶ **punishing**
[pʌ́niʃiŋ]
a. 극도로 힘든,
살인적인

▶ **penal**
[píːnəl]
a. 처벌[형벌]의

▶ **penalty**
[pénəlti]
n. 반칙의 벌, 페널티

04

★ **painful** [péinfəl] *a.* 고통스러운, 아픈

벌을 받아 고통을 느끼는 데서 유래.

• He sobbed as he recalled the **painful** memory.

그는 **아픈** 기억을 회상하며 흐느꼈다.

pun(=pen)
벌

▶ **pain**
[pein]
n. 고통, 아픔

▶ **painless**
[péinlis]
a. 고통 없는

▶ **painful**
[péinfəl]
a. 고통스러운, 아픈

▶ **painfully**
[péinfəli]
ad. 고통스럽게

** justify [dʒʌ́stəfài] v. 정당화하다

just의 '공정한'이라는 뜻에서 파생되어 동사로 사용된 단어.

- ### The politician's position on the issue was hard to **justify**.

  그 문제에 대한 정치가의 입장을 **정당화하기**는 어려웠다.

just
[dʒʌst]
a. 공정한, 적절[적당]한
ad. 막, 딱, 오직

▶

justify
[dʒʌ́stəfài]
v. 정당화하다

▶

justification
[dʒʌ̀stəfikéiʃən]
n. 정당화

▶

justice
[dʒʌ́stis]
n. 정의, 정당성, 공정성

▶

injustice
[indʒʌ́stis]
n. 부정, 불공정

** adjust [ədʒʌ́st] v. 조절하다, ～에 적응하다(to)

just의 '적절한'이라는 뜻에서 파생되어 ～쪽(ad)에 적절히 맞추는 데서 유래.

- ### However, most of us try to **adjust** our attitudes and behaviors to a rapid pace of living and working.

  그러나 우리들 대다수는 우리의 태도와 행동을 삶과 일의 빠른 속도에 **적응시키려고** 노력한다.

just
[dʒʌst]
a. 공정한, 적절[적당]한
ad. 막, 딱, 오직

▶

adjust
[ədʒʌ́st]
v. 조절하다,
～에 적응하다(to)

▶

adjustment
[ədʒʌ́stmənt]
n. 조절, 적응

More Words

be just for ～에게 적절[적당]하다

** liberal [líbərəl] *a.* 자유로운, 관대한, 진보적인

'자유'를 의미했던 liber에서 파생된 단어.

- My mother-in-law is **liberal** with her money.
  나의 시어머니는 돈에 관해서 **관대하다.**

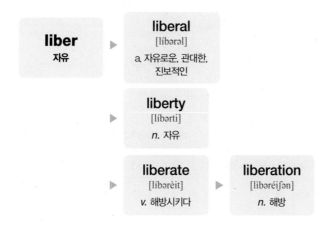

liber
자유

liberal
[líbərəl]
a. 자유로운, 관대한, 진보적인

liberty
[líbərti]
n. 자유

liberate
[líbərèit]
v. 해방시키다

liberation
[libəréiʃən]
n. 해방

More Words

liberal-leaning *a.* 진보적 성향의   **the Statue of Liberty** 자유의 여신상

＋혼동

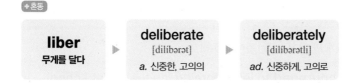

liber
무게를 달다

deliberate
[dilíbərət]
a. 신중한, 고의의

deliberately
[dilíbərətli]
ad. 신중하게, 고의로

** nervous [nə́:rvəs] *a.* 불안한, 긴장된

nerve의 '긴장'이라는 뜻에서 파생된 단어.

- She became very **nervous** when it was her turn to go in for an interview.
  인터뷰 차례가 돌아왔을 때 그녀는 매우 **긴장했다.**

nerve
[nə:rv]
n. 긴장, 신경, 용기

nervous
[nə́:rvəs]
a. 불안한, 긴장된

nervously
[nə́:rvəsli]
ad. 불안하게

nervousness
[nə́:rvəsnis]
n. 신경 과민

09

** emerge [imə́:rdʒ] *v.* 나타나다, 드러나다

'물에 담그다'라는 뜻을 지닌 merge에서 파생되어 물에 담겨진 것이 밖(e)으로 나오는 데서 유래. 현재 merge는 다른 것 안에 담겨지는 '합병하다, 합치다'라는 뜻이 되었다.

- Issues are beginning to **emerge** with the entire restoration project.

  전체적 복원 사업과 관련하여 문제들이 **드러나기** 시작하고 있다.

> **More Words**
> emergency room 응급실

10

** encourage [inkə́:ridʒ] *v.* 격려하다, 장려하다

'용기(courage) 있게 만든다(en)'는 뜻에서 유래.

- We were **encouraged** to learn foreign languages at school.

  학교에서는 우리에게 외국어를 배울 것을 **장려했다**.

11

** endanger [indéindʒər] *v.* 위태롭게 하다

'위험(courage)하게 만든다(en)'는 뜻에서 유래.

• He would never do anything to **endanger** the lives of his children.
  그가 자기 아이들의 삶을 **위태롭게 할** 일은 절대 없을 것이다.

danger [déindʒər] *n.* 위험 ▶ **dangerous** [déindʒərəs] *a.* 위험한 ▶ **dangerously** [déindʒərəsli] *ad.* 위험하게

▶ **endanger** [indéindʒər] *v.* 위태롭게 하다 ▶ **endangered** [indéindʒərd] *a.* 멸종 위기에 처한

More Words

in **danger** 위험에 처해 있는

12

** violate [váiəlèit] *v.* 위반하다

강한 힘(viol)을 통해 정해진 법이나 규칙을 부수는 데서 유래.

• They were charged with **violating** federal copyright protection laws.
  그들은 연방 저작권 보호법을 **위반한** 혐의로 기소되었다.

viol 힘 ▶ **violate** [váiəlèit] *v.* 위반하다 ▶ **violation** [vàiəléiʃən] *n.* 위반, 위배

▶ **violence** [váiələns] *n.* 폭력 ▶ **violent** [váiələnt] *a.* 폭력적인, 난폭한 ▶ **violently** [váiələntli] *ad.* 난폭하게

▶ **nonviolence** [nanváiələns] *n.* 비폭력 **nonviolent** [nanváiələnt] *a.* 비폭력적인

** accompany [əkʌ́mpəni] v. 동행하다, 수반하다

company는 함께(com) 빵(pany)을 나눠 먹는 사람들을 의미했던 데서 파생하여 현재 '단체'나 '회사'라는 뜻으로 쓰이게 되었고, accompany는 이렇게 단체나 무리가 한쪽 (ac)으로 향하여 같이 가는 것을 의미하여 '동행하다'라는 뜻과 함께 따라간다는 '수반하다'라는 뜻이 되었다.

- Depression is almost always **accompanied** by insomnia.
  우울증은 거의 대부분 불면증에 **수반된다**.

** achieve [ətʃíːv] v. 성취[달성]하다

chieve(머리= chief)까지 도달(a)하여 이루어내는 데서 유래.

- He finally **achieved** his goal of visiting South America.
  그는 남아메리카에 가보겠다는 목표를 마침내 **달성했다**.

15

** **vain** [vein] *a.* 헛된, 허영[자만]심이 많은

vain(= van)은 '비어 있는'이라는 원래 뜻이 확장되어 열심히 해도 아무것도 없는 '헛된'이라는 뜻이 되었고, 그 후 속은 비었지만 겉으로는 자랑하는 '허영[자만]심이 많은'이라는 뜻이 되었다.

- She is very **vain** about her appearance.
  그녀는 외모에 매우 **자만심이** 강하다.

More Words

in vain 헛되이

16

** **interracial** [intəreiʃəl] *a.* 다른 인종 간의, 이인종 간의

한 인종(race)이 다른 인종 사이에(inter) 속하는 데서 유래.

- In the past, only 1 percent of the American population was in an **interracial** marriage.
  과거에는 미국 인구의 겨우 1%만 **이인종**과 결혼을 했다.

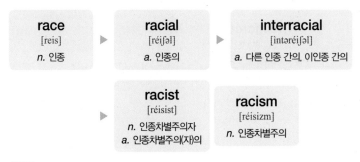

➕혼동

race [reis] *v.* 경주[경쟁]하다, 급히 가다 *n.* 경주, 경쟁

17

★★★ abundant [əbʌ́ndənt] a. 풍부한

물이 물결치며(ound = und) 넘칠(ab) 정도로 많은 것을 표현하는 데서 유래.

- There is **abundant** evidence that cars have a harmful effect on the environment.
  차가 환경에 해로운 영향을 끼친다는 증거는 **풍부하다**.

18

★★★ reinforce [riːinfɔ́ːrs] v. 강화시키다, 보강하다

다시(re) 안(in)에 힘(force)을 불어 넣는 데서 유래.

- Do you think we need to **reinforce** foreign language education?
  우리가 외국어 교육을 **강화해야** 한다고 생각하니?

More Words

work force 노동력

19

*** nominate [námənèit] v. (후보로) 임명[지명]하다

이름(nomin = name)을 정해서 부르는 데서 유래.

- I was happy to announce that she was **nominated** as a presidential candidate.
  나는 그녀가 대통령 후보로 **지명되었다**는 것을 발표하게 되어 기뻤다.

20

*** anonymous [ənánəməs] a. 익명의

이름(onym)이 없는(an) 데서 유래.

- They never wish to remain **anonymous**.
  그들은 절대 **익명으로** 남기를 바라지 않는다.

01

★ **millionaire** [mìljənέər] *n.* 백만장자

million은 '1,000'을 의미하는 milli와 '증가'를 의미하는 on이 결합하여 1,000에 1,000 을 곱한 '백만(1,000,000)'을 의미하게 되었고, million에 사람을 의미하는 -aire를 붙인 millionaire는 '백만장자'를 의미하게 되었다.

● Chris lives as if he were a **millionaire**.
크리스는 자신이 마치 **백만장자**라도 되는 것처럼 산다.

milli 천	▶	**million** [míljən] *n.* 백만	**millionaire** [mìljənέər] *n.* 백만장자

More Words
billion [bíljən] *n.* 십억
trillion [tríljən] *n.* 조
millions of 수백만의
billions of 수십억의

02

★ **ache** [eik] *n.* 고통 *v.* 쑤시다, 욱신거리다

고통이 있을 때 우리말로 '아이쿠' 소리를 내는 것처럼 영어에서도 '고통'을 '에이크(ache)' 로 표현한다는 것으로 암기.

● After running a marathon, her body **ached** for a week.
마라톤을 달린 후, 그녀의 몸은 일주일 동안 **쑤셨다**.

ache [eik] *n.* 고통 *v.* 쑤시다, 욱신거리다	▶	**heartache** [hɑ́ːrteik] *n.* 심적 고통	**headache** [hedeik] *n.* 두통	**toothache** [tuːθeik] *n.* 치통	**stomachache** [stʌ́məkèik] *n.* 복통

03

* automatically [ɔ̀ːtəmǽtikəli] *ad.* 자동적으로

자신 스스로(auto) 움직이는(m) 데서 유래.

- **The machine can not move automatically.**
  그 기계는 **자동적으로** 움직일 수 없다.

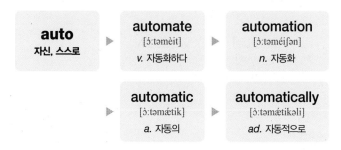

auto
자신, 스스로

automate
[ɔ́ːtəmèit]
v. 자동화하다

automation
[ɔ̀ːtəméiʃən]
n. 자동화

automatic
[ɔ̀ːtəmǽtik]
a. 자동의

automatically
[ɔ̀ːtəmǽtikəli]
ad. 자동적으로

04

* mythical [míθikəl] *a.* 신화(속)의, 전설의

myth(신화)에서 형용사로 파생된 단어.

- **Children can see mythical beasts such as unicorns and dragons in fairy tales.**
  어린이들은 동화 속에서 유니콘이나 용 같은 **신화 속의** 짐승들을 볼 수 있다.

myth
[miθ]
n. 신화

mythical
[míθikəl]
a. 신화(속)의, 전설의

mythology
[miθάlədʒi]
n. 신화, 신화학

mythological
[mìθəlάdʒikəl]
a. 신화의

05

★★ **vertical** [və́ːrtikəl] *a.* 수직의, 세로의

'정점, 꼭짓점'을 의미하는 vertex에서 파생되어 정점에서 아래로 내려오는 것을 표현하는 데서 유래.

- There is a **vertical** drop to the ocean.
  바다 쪽으로 **수직** 낭떠러지가 나 있다.

vertex		vertical	vertically
[və́ːrteks]	▶	[və́ːrtikəl]	[və́ːrtikəli]
n. 정점, 꼭짓점		*a.* 수직의, 세로의	*ad.* 수직으로

> **More Words**
> **vertical line** 수직선, 세로선

06

★★ **horizontal** [hɔ̀ːrəzántl] *a.* 수평의, 가로의

'수평선'을 의미하는 horizon에서 파생된 단어.

- Could you draw a **horizontal** line across the page?
  종이에 **가로**선을 그어 주시겠어요?

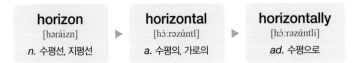

horizon		horizontal		horizontally
[həráizn]	▶	[hɔ̀ːrəzántl]	▶	[hɔ̀ːrəzántli]
n. 수평선, 지평선		*a.* 수평의, 가로의		*ad.* 수평으로

> **More Words**
> **below the horizon** 지평선 아래에
> **horizontal line** 수평선, 가로선

07

** ultimate [ʌ́ltəmət] *a.* 최후의, 궁극적인

가장(im) 마지막에 있는 경계나 담을 마침내 넘어서는(ult) 것을 표현하는 데서 유래.

* Unity was the **ultimate** goal of the meeting.
  단합이 그 모임의 **궁극적인** 목표였다.

08

** immense [iméns] *a.* 엄청난, 굉장한

측정할(mense) 수 없는(im) 어마어마한 크기를 표현하여 생긴 단어.

* There is an **immense** statue in the museum.
  그 박물관에는 **엄청난** 동상 하나가 있다.

> **More Words**
>
> **three-dimensional** *a.* 3차원 입체의

** immeasurable [iméʒərəbl] *a.* 헤아릴 수 없는, 측정할 수 없는

측정(mease)을 할 수(able) 없는(im) 숫자나 양을 표현하여 생긴 단어.

● The idea produces **immeasurable** benefits for people.
  그 생각은 사람들에게 **측정할 수 없는** 이익을 가져다준다.

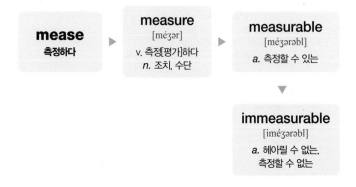

More Words

take measures 조치를 취하다

** expand [ikspǽnd] *v.* 확장[확대]하다

밖(ex)으로 점점 더 펼쳐(pand)지는 데서 유래

● Teachers always say that reading books helps **expand** our writing skills.
  선생님들은 늘 책을 읽는 것이 우리의 작문 실력을 **늘리는 것을** 도와준다고 말씀하시곤 했다.

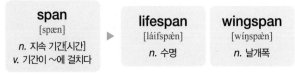

** conscience [kánʃəns] *n.* 양심

conscience(양심)는 옳음과 그름을 함께(con) 판단하여 아는(sci) 데서 유래된 단어이고, conscious(의식하는)는 그렇게 느껴서 인식하는 것을 표현한 단어이다.

- My **conscience** would really trouble me if I wore a fur coat.
  내가 모피 코트를 입는다면 나의 **양심**은 정말 나를 괴롭힐 것이다.

sci 알다 ▶ conscience [kánʃəns] *n.* 양심 ▶ conscientious [kànʃiénʃəs] *a.* 양심적인, 성실한

▶ conscious [kánʃəs] *a.* 의식하는 ▶ consciousness [kánʃəsnis] *n.* 의식, 지각 / consciously [kánʃəsli] *ad.* 의식적으로

▶ unconscious [ʌnkánʃəs] *a.* 무의식의 / subconscious [sʌbkánʃəs] *a.* 잠재의식의

More Words

science [sáiəns] *n.* 과학
scientist [sáiəntist] *n.* 과학자
scientific [sàiəntífik] *a.* 과학적인

** cancellation [kænsəléiʃən] *n.* 취소

동사로 쓰이는 cancel(취소하다)에서 파생된 명사.

- Many trains are subject to **cancellation** because of the flooding.
  홍수 때문에 많은 기차가 **취소**될 수 있다.

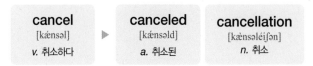

cancel [kænsəl] *v.* 취소하다 ▶ canceled [kænsəld] *a.* 취소된 / cancellation [kænsəléiʃən] *n.* 취소

13

** derive [diráiv] v. 유래하다, 이끌어내다

derive는 강(rive = river)에서부터(de) 시작되어지는 것을 의미하는 단어이고, rival은 강을 차지하려고 양쪽에서 다투는 사람을 의미하여 생긴 단어이다.

- Her great achievement was **derived** from her hard work.
  그녀의 훌륭한 성과는 그녀의 노력에서 **비롯되었다**.

More Words
riverbank [rívərbæ̀ŋk] n. 강둑

14

** boredom [bɔ́ːrdəm] n. 지루함, 권태

'지루하게 하다'라는 뜻을 지닌 bore에서 파생된 단어.

- I'll die of **boredom** if you don't give me my smartphone back.
  당신이 내 스마트폰을 돌려주지 않는다면 나는 **지루함**에 죽을지도 몰라요.

15

★★ **invest** [invést] *v.* 투자하다

'옷'을 의미했던 vest에서 파생되어 옷을 안(in)에 입히듯 사업 등에 자본을 입히는 데서 유래.

- Companies **invested** a million dollars in the project.
  기업들은 그 프로젝트에 100만 달러를 **투자했다**.

♦혼동

16

★★ **strict** [strikt] *a.* 엄격한

'줄/묶다'를 뜻하는 string에서 변형되어 규율 안에 꽉 묶는 것을 표현하여 생긴 단어.

- My teacher is **strict** but fair.
  나의 선생님은 **엄격하지만** 공평하다.

| string
[striŋ]
n. 줄, 현
v. 묶다 | ▶ | strict
[strikt]
a. 엄격한 | ▶ | strictly
[stríktli]
ad. 엄격하게 | strictness
[stríktnis]
n. 엄격함, 가혹함 |

| | | district
[dístrikt]
n. 구역, 지구 | restrict
[ristríkt]
v. 제한하다 | ▶ | restriction
[ristríkʃən]
n. 제한 |

★★★ verbal [və́ːrbəl] a. 말[구두]의, 언어의

verb의 원래 뜻은 사람이 하는 '말, 언어'였고, 그 후 주어와 연결되어 말하는 부분을 의미하여 '동사'를 뜻하게 되었다. verbal은 verb의 형용사형.

• She made a **verbal** contract with him.
  그녀는 그와 **구두** 계약을 맺었다.

| verb
[vəːrb]
n. 말, 언어, 동사 | verbal
[və́ːrbəl]
a. 말[구두]의, 언어의 | non-verbal
[nanvə́ːrbəl]
a. 비언어적인 | verbally
[və́ːrbəli]
ad. 언어적으로, 구두로 |

| adverb
[ǽdvəːrb]
n. 부사 | proverb
[prʌ́vəːrb]
n. 속담 |

★★★ authority [əθɔ́ːrəti] n. 권한, 권위자(on), (pl.) 당국

'작가'를 뜻하는 author에서 파생되어 작가 마음대로 이야기를 쓰는 것처럼 자기 마음대로 할 수 있는 데서 유래.

• Teachers will have broader **authority** and responsibilities than before.
  교사들은 전보다 더 많은 **권한**과 책임을 가질 것이다.

| author
[ɔ́ːθər]
n. 작가 | authority
[əθɔ́ːrəti]
n. 권한, 권위자(on),
(pl.) 당국 | authoritarian
[əθɔ̀ːrətɛ́əriən]
a. 권위주의적인 |

| authorize
[ɔ́ːθəràiz]
v. 권한을 주다 | authorized
[ɔ́ːθəràizd]
a. 권한을 부여받은, 공인된 |

*** **magnificence** [mægnífəsns] *n.* 장엄(함)

위엄 있고 거대한(magni) 것을 표현하는 데서 유래.

• They were impressed by the splendor and **magnificence** of the pyramids.

그들은 피라미드의 화려함과 **장엄함**에 깊은 인상을 받았다.

| **magni** 거대한 | **magnify** [mǽgnəfài] *v.* 확대하다 | **magnification** [mæ̀gnəfikéiʃən] *n.* 확대 | **magnificent** [mægnífəsnt] *a.* 장엄[웅장]한 | **magnificence** [mægnífəsns] *n.* 장엄(함) |

More Words

magnifying glass 돋보기

magnitude [mǽgnətjùːd] *n.* 규모, 중요성, (지진의 규모) 진도

*** **sorrow** [sárou] *n.* 슬픔

'쓰라린'이라는 뜻을 지닌 sore에서 파생되어 마음이 쓰라리게 아픈 것을 표현하는 데서 유래.

• The **sorrow** he felt over the death of his wife was almost too much to bear.

아내의 죽음으로 인해 그가 느낀 **슬픔**은 거의 견딜 수 없을 정도로 컸다.

| **sore** [sɔːr] *a.* 쓰라린, 아픈 | **soreness** [sɔ́ːrnis] *n.* 쓰림, 통증 | **sorely** [sɔ́ːrli] *ad.* 몹시, 심하게 |

| **sorrow** [sárou] *n.* 슬픔 | **sorrowful** [sárəfəl] *a.* 슬픈 |

01

* refresh [rifréʃ] *v.* 상쾌하게 하다, 기운[기억]나게 하다

다시(re) 새롭게(fresh) 하는 데서 유래.

- The woman next door had to **refresh** her memory by looking at her notes.

  옆집에 사는 여인은 자신이 메모한 내용을 보면서 **기억이 나게** 해야 했다.

fresh
[freʃ]
a. 신선한, 상쾌한, 새로운

▶

freshly
[fréʃli]
ad. 신선하게, 상쾌하게, 갓

freshness
[fréʃnis]
n. 신선함

▶

refresh
[rifréʃ]
v. 상쾌하게 하다,
기운[기억]나게 하다

▶

refreshment
[rifréʃmənt]
n. 원기회복, 휴식,
(*pl.*) 다과

02

* customary [kʌ́stəmèri] *a.* 관습상의, 습관적인

'관습'을 의미하는 custom에서 파생된 단어.

- As is **customary**, I often play the piano.

  습관적으로 나는 종종 피아노를 친다.

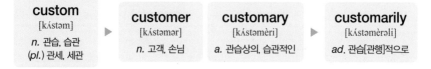

custom
[kʌ́stəm]
n. 관습, 습관
(*pl.*) 관세, 세관

▶

customer
[kʌ́stəmər]
n. 고객, 손님

▶

customary
[kʌ́stəmèri]
a. 관습상의, 습관적인

▶

customarily
[kʌ́stəmèrəli]
ad. 관습[관행]적으로

More Words

be accustomed to ~하는 데 익숙하다

03

★ satisfy [sǽtisfài] v. 만족시키다

'충분한'을 의미했던 satis와 동사 접미사인 -fy가 결합하여 '충분하게 채워준다'는 뜻에서
유래.

- Our customers were not **satisfied** with the service.

  우리 고객들은 서비스에 **만족하**지 않았다.

04

★ prey [prei] n. 먹이, 사냥감

'잡다'라는 뜻이었던 pre에서 파생되어 predator는 잡아먹는 '포식자'가 되었고, prey는
잡아먹히는 '먹이'가 되었다.

- The photographer was very fortunate to film a fierce lion
  capturing its **prey**.

  그 사진작가는 아주 운 좋게 **먹이**를 잡고 있는 사나운 사자의 모습을 촬영했다.

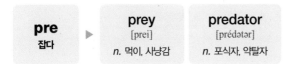

** ignore [ignɔ́:r] v. 무시하다

gno는 현대영어의 know(알다)의 원형이고 i는 부정을 의미했었다. 따라서 ignore는 처음에는 아는 것이 없는 '무지하다'라는 뜻이었다가 현재는 아는 척 안 하는 '무시하다'라는 뜻이 되었고, 이 단어에서 파생된 ignorance는 원래 뜻에서 나온 '무지'로 쓰이고 있다.

● Tom smiled at her but she just **ignored** him.

톰이 그녀에게 미소를 지었지만 그녀는 그냥 그를 **무시했다**.

** courteous [kə́:rtiəs] a. 예의바른

'궁정'을 의미하는 court에서 파생되어 궁정에서의 예절을 표현하는 데서 유래.

● Be **courteous** to all the employees.

모든 직원들에게 **예의바르**게 행동하세요.

court
[kɔ:rt]
n. 궁전, 법정,
(테니스, 푸드) 코트
▶
courtesy
[kə́:rtəsi]
n. 예의

courteous
[kə́:rtiəs]
a. 예의바른

▼

discourtesy
[diskə́:rtəsi]
n. 무례

discourteous
[diskə́:rtiəs]
a. 무례한

** **urgent** [ə́:rdʒənt] *a.* 긴급한

'촉구[강요]하다'라는 뜻을 지닌 urge에서 파생된 단어.

- Many people are in **urgent** need of food and water.

  많은 사람들이 물과 음식을 **긴급히** 필요로 한다.

| urge
[ə:rdʒ]
v. 촉구[강요]하다
n. 자극, 충동 | ▶ | urgency
[ə́:rdʒənsi]
n. 긴급 | urgent
[ə́:rdʒənt]
a. 긴급한 | ▶ | urgently
[ə́:rdʒəntli]
ad. 긴급하게 |

** **temporary** [témpərèri] *a.* 일시적인, 임시의

'시간'을 의미했던 tempor에서 파생되어 일정하게 정한 짧은 시간을 표현하는 데서 유래.

- It was dark all around because of the **temporary** power cut.

  일시적인 정전으로 주위가 모두 깜깜해졌다.

| tempor
시간 | ▶ | temporary
[témpərèri]
a. 일시적인, 임시의 | ▶ | temporarily
[tèmpərérəli]
ad. 일시적으로 |

contemporary
[kəntémpərèri]
a. 동시대의, 현대의

** sympathy [símpəθi] *n.* 동정(심), 연민

다른 사람과 취미나 마음 등을 함께(sym) 느끼는(path) 데서 유래.

- I have **sympathy** for poor people.
  나는 가난한 사람들에게 **동정심**이 있다.

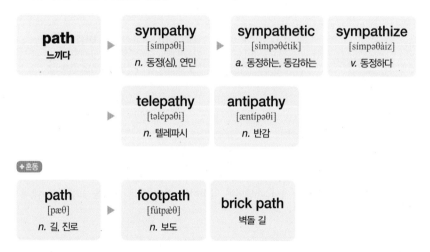

path
느끼다

▶ **sympathy**
[símpəθi]
n. 동정(심), 연민

▶ **sympathetic**
[simpəθétik]
a. 동정하는, 동감하는

sympathize
[símpəθàiz]
v. 동정하다

▶ **telepathy**
[təlépəθi]
n. 텔레파시

antipathy
[æntípəθi]
n. 반감

+혼동

path
[pæθ]
n. 길, 진로

▶ **footpath**
[fútpæ̀θ]
n. 보도

brick path
벽돌 길

** appoint [əpɔ́int] *v.* 임명[지정] 하다, 약속하다

appoint는 point의 '가리키다'에서 파생되어 어떠한 위치(ap)에 있는 사람이나 시간적인 장소를 가리키는 데서 유래되었고, disappoint는 약속을 갑자기 취소하여 실망하게 만든 것을 표현하여 생긴 단어이다.

- I did not **appoint** her the chairman of the board.
  나는 그녀를 이사회 의장으로 **임명하지** 않았다.

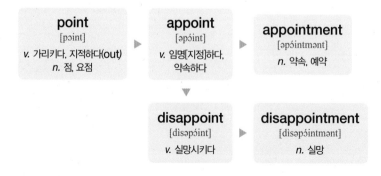

point
[pɔint]
v. 가리키다, 지적하다(out)
n. 점, 요점

▶ **appoint**
[əpɔ́int]
v. 임명[지정]하다,
약속하다

▶ **appointment**
[əpɔ́intmənt]
n. 약속, 예약

disappoint
[dìsəpɔ́int]
v. 실망시키다

▶ **disappointment**
[dìsəpɔ́intmənt]
n. 실망

11

** **arrogant** [ǽrəgənt] *a.* 오만한

자신의 신분이 높다고 여겨 아무에게(ar)나 마구 요구(rog)하는 데서 유래.

● I resent her being too **arrogant**.

나는 그녀가 너무 **오만한** 것이 불쾌하다.

| **rog**
요구하다 | ▶ | **arrogance**
[ǽrəgəns]
n. 오만 | **arrogant**
[ǽrəgənt]
a. 오만한 | ▶ | **arrogantly**
[ǽrəgəntli]
ad. 오만하게 |

12

** **assemble** [əsémbl] *v.* 모으다, 조립하다

같은(semble) 것끼리 한곳에(as) 놓는 데서 유래.

● Workers were earning $20 an hour **assembling** cars.

노동자들은 1시간 동안 차를 **조립하는** 데 20달러를 벌고 있었다.

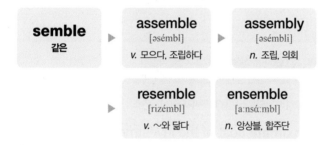

| **semble**
같은 | ▶ | **assemble**
[əsémbl]
v. 모으다, 조립하다 | ▶ | **assembly**
[əsémbli]
n. 조립, 의회 |
| | | ▶ | **resemble**
[rizémbl]
v. ~와 닮다 | **ensemble**
[a:nsá:mbl]
n. 앙상블, 합주단 |

13

** commute [kəmjúːt] v. 통근하다

직장과 집을 함께(com) 왔다갔다 바꾸어(mute) 가며 출근하는 데서 유래.

- **I live in Daegu and commute to Seoul every day.**
  나는 대구에 살면서 서울로 매일 **통근한다**.

14

** approximate [əpráksəmət] a. 대략적인

최대한(im) 가까이(prox = proach) 다가가는(ap) 데서 유래.

- **What is the approximate cost of the investment?**
  대략적인 투자비용이 얼마나 됩니까?

★★ **geographic** [dʒìːəgrǽfik] *a.* 지리적인, 지리학의

땅(geo)의 상태나 형편을 적어(graph) 설명하는 데서 유래.

- We need to know people's **geographic** location.

  우리는 사람들의 **지리적인** 위치를 알 필요가 있다.

| **geo** 땅 | geography [dʒiágrəfi] *n.* 지리(학) | geographic [dʒìːəgrǽfik] *a.* 지리적인, 지리학의 | geographically [dʒìːəgrǽfikəli] *ad.* 지리적으로 |

| geology [dʒiálədʒi] *n.* 지질학 | geological [dʒiálədʒikəl] *a.* 지질학적인 |

★★ **illustrate** [íləstrèit] *v.* 삽화를 넣다, 설명하다, (예를) 보여주다

어두운 곳 안(il)에 빛(lustre)을 비추어 알 수 있게 만드는 데서 유래.

- To **illustrate** my point, let me show you a graph.

  저의 요점을 **설명하기** 위해 그래프를 하나 보여드리겠습니다.

| lustre [lʌ́stə(r)] *n.* 빛, 윤기 | illustrate [íləstrèit] *v.* 삽화를 넣다, 설명하다, 보여주다 | illustration [iləstréiʃən] *n.* 삽화, 그림 | illustrator [íləstrèitər] *n.* 삽화가 |

*** **mature** [mətjúər] *a.* 성숙한 *v.* 성숙하다

'좋은'이라는 뜻을 지녔던 mat에서 파생되어 과일 등이 제때에 좋게 잘 익은 것에서 유래된 단어.

• Her father wants his daughter to be more **mature**.

그녀의 아버지는 딸이 더욱 **어른스러워지기**를 원한다.

mat
좋은

▶ **mature**
[mətjúər]
a. 성숙한 *v.* 성숙하다

▶ **maturity**
[mətjúərəti]
n. 성숙, 숙성

maturely
[mətjúərli]
ad. 성숙하게

▶ **immature**
[imətʃúər]
a. 미성숙한

premature
[pri:mətʃúər]
a. 조숙한

*** **contemplate** [kántəmplèit] *v.* 고려하다, 생각하다

사찰(temple)에서 충분한 시간을 가지며 깊은 생각을 하는 데서 유래.

• We have never **contemplated** living abroad.

우리는 해외에서 사는 것을 **고려해** 본 적이 없다.

temple
[témpl]
n. 사찰, 절

▶ **contemplate**
[kántəmplèit]
v. 고려하다, 생각하다

▶ **contemplation**
[kàntəmpléiʃən]
n. 고려, 사색

More Words

in contemplation 고려 중인, 계획 중인

★★★ sequence [síːkwəns] *n.* 순서, 연속

sequence는 '따르다'라는 뜻을 지닌 sequ에서 나와 계속 따라오는 '순서, 연속'을 의미하게 되었고, consequence는 과정이 있은 후 함께(con) 따라온다(sequ)고 하여 '결과'로 쓰이게 되었다.

● That **sequence** of events led up to the Korean War.
   연속된 사건들이 한국전쟁을 야기했다.

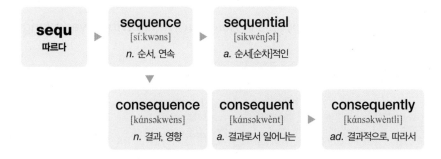

★★★ elaborate [ilǽbərət] *a.* 정교한, 공들인

물건을 밖(e)으로 출시하기 위해 열심히 노동(labor)을 하는 데서 유래.

● I found the carved wooden door had an **elaborate** decoration on it.
   나는 목각한 문 위의 **정교한** 장식을 발견했다.

01

* **horrible** [hɔ́ːrəbl] *a.* 끔찍한

'떨다'라는 뜻을 지녔던 horr에서 파생되어 '떨게 만들 수 있는(ible)'이라는 기본 뜻에서 유래.

- Many indigenous people in Australia lived **horrible** lives a long time ago.

  오래전 호주에 살던 많은 원주민들은 **끔찍한** 삶을 살았다.

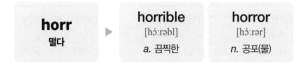

| **horr**
떨다 | ▶ | **horrible**
[hɔ́ːrəbl]
a. 끔찍한 | **horror**
[hɔ́ːrər]
n. 공포(물) |

More Words

horror movie 공포영화   in horror 공포에 질려

02

* **wholesale** [hóulsèil] *a.* 도매의 *n.* 도매

하나씩 파는 것이 아닌 물건 전체(whole)를 파는(sale) 데서 유래.

- **Wholesale** and retail sales declined for a fourth straight month.

  도매와 소매 매출이 4개월 연속으로 감소했다.

| **whole**
[houl]
a. 전체의
n. (the) 전체 | ▶ | **wholeness**
[hóulnis]
n. 전체 | **wholly**
[hóulli]
ad. 전부, 전적으로 |
| | ▶ | **wholesale**
[hóulsèil]
a. 도매의 *n.* 도매 | ▶ **wholesaler**
[hóulsèilər]
n. 도매업자 |

More Words

as a whole 전체[총괄]적으로

03

★ **weakness** [wíːknis] *n.* 약점, 약함

'약한'을 의미하는 weak에서 파생된 단어.

- As Jane has a **weakness** for ice cream, she'll never lose weight.

  제인은 아이스크림에 **약점**을 가지고 있어 절대 체중을 감량하지 못할 것이다.

| **weak** [wiːk] *a.* 약한, 희미한 | ▶ | **weakness** [wíːknis] *n.* 약점, 약함 | **weakly** [wíːkli] *ad.* 힘없이 | **weaken** [wíːkən] *v.* 약하게 만들다, 약해지다 |

04

★ **recommend** [rèkəménd] *v.* 추천[권]하다

'칭찬하다'라는 뜻을 지닌 commend에서 파생되어 칭찬받은 것을 남에게 다시(re) 소개하는 데서 유래.

- Could you **recommend** any good Italian restaurants near here?

  이 근처에 좋은 이탈리아 음식점이 있으면 **추천해주**시겠어요?

| **commend** [kəménd] *v.* 칭찬하다 | ▶ | **recommend** [rèkəménd] *v.* 추천[권]하다 | ▶ | **recommendation** [rèkəməndéiʃən] *n.* 추천 | **recommendable** [rèkəméndəbl] *a.* 추천할 만한 |

More Words

It is recommended that ~ ~하는 것이 바람직하다[좋다]

| **command** [kəmǽnd] *n.* 명령, 지휘 *v.* 명령하다, 명하다 | ▶ | **commander** [kəmǽndər] *n.* 사령관, 지휘자 | **commanding** [kəmǽndiŋ] *a.* 명령하는, 지휘하는 |

More Words

under the command of ~의 지휘 아래에서

commanding officer 부대장

** retail [rí:teil] *a.* 소매의 *n.* 소매

물건의 전체에서 뒷(re)부분을 잘라(tail) 파는 데서 유래.

- The **retail** value would be around $1,000.

  소매가는 대략 1,000달러 정도 될 것이다.

tail 자르다	retail [rí:teil] *a.* 소매의 *n.* 소매	retailer [rí:teilər] *n.* 소매업자
	detail [ditéil] *n.* 세부사항	detailed [ditéild] *a.* 자세한, 세부적인

More Words

in detail 자세히, 구체적으로

◆혼동

tail [teil] *n.* 꼬리

** primary [práimeri] *a.* 주된, 주요한, 초등의

'처음의'라는 뜻의 prime에서 파생되어 가장 처음이 되는 중요한 것을 표현하여 생긴 단어.

- The **primary** school curriculum is generally divided into nine subjects.

  초등학교 교육과정은 일반적으로 9가지 과목으로 분류된다.

prime [praim] *a.* 처음[제1]의, 중요한	primitive [prímətiv] *a.* 원시의, 초기의	primary [práimeri] *a.* 주된, 주요한, 초등의	primarily [praimérəli] *ad.* 주로

More Words

prime minister 수상

primary school 초등학교

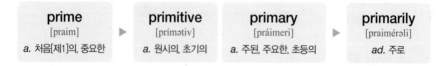

> ** **sharp** [ʃɑːrp] *a.* 날카로운, 급격한

'자르다'라는 뜻을 지녔던 shar에서 파생되어 형용사로 쓰이게 된 단어.

- Her novel was very popular for its **sharp** political satire.
  그녀의 소설은 **날카로운** 정치 풍자로 매우 인기 있었다.

| **shar**
자르다 | ▶ | **sharp**
[ʃɑːrp]
a. 날카로운, 급격한 | ▶ | **sharply**
[ʃɑ́ːrpli]
ad. 날카롭게, 급격하게 | **sharpen**
[ʃɑ́ːrpən]
v. 날카롭게 하다, 연마하다 |

> ** **sheer** [ʃiər] *a.* 순전한, 완전한

shar에서 파생된 sheer는 더러운 것을 완전히 다 잘라내서 깨끗해진 것을 표현하여 '순전한'이라는 뜻이 된 단어이다. 또 share도 잘라서 나누는 것을 의미하여 '공유하다'라는 뜻이 된 단어이고, shore는 육지와 바다가 갈라진 듯 보이는 '해안'을 뜻하게 되었다.

- It was **sheer** coincidence that they met.
  그들이 만난 것은 **순전히** 우연의 일치였다.

| **shar**
자르다 | ▶ | **sheer**
[ʃiər]
a. 순전한, 완전한 | | |
| | ▶ | **share**
[ʃɛər]
v. 공유하다, 함께 나누다
n. 몫, 비율 | **shore**
[ʃɔːr]
n. 해안 ▶ | **seashore**
[síːʃɔːr]
n. 해변 |

** remarkable [rimá:rkəbl] *a.* 주목할 만한, 놀라운

remark는 '표시하다'라는 뜻의 mark에서 파생되어 표시한 것을 다시(re) 알아들을 수 있게 하는 '말하다'라는 뜻과 이렇게 말해서 보게 되는 '주목하다'라는 뜻이 되었다. 그래서 remark에서 파생된 remarkable은 '주목할 만한'이라는 뜻이 되었다.

- The mayor's address was especially **remarkable**.

  그 시장의 연설은 특히 **주목할 만했다**.

More Words

put marks on ~에 표시를 하다
landmark [lǽndmà:rk] *n.* 주요지표[지물]
birthmark [bɔ́:rθmà:rk] *n.* 모반

** occupation [àkjupéiʃən] *n.* 직업, 점령 (기간)

어떠한 곳(oc)에 있는 장소나 공간을 잡아(cup)낸다고 해서 '차지하다, 점거하다'라는 뜻이 된 occupy에서 파생된 단어.

- He listed his **occupation** on the form as "teacher."

  그는 양식에 그의 **직업**을 '교사'로 적었다.

More Words

occupied with ~에 열중한

11

** **analysis** [ənǽləsis] *n.* 분석

analysis는 알 수 없게 묶여진 것을 완전히(ana) 풀어(ly) 버리는 데서 유래되었고, paralysis는 양 옆(para)에 손발이 힘없이 풀려(ly) 있어 움직이지 못하는 '마비'를 뜻한다.

- Who else in this laboratory worked on the **analysis**?

  이 연구실 내에서 **분석** 일을 또 누가 했죠?

More Words

psychoanalyst [sàikouǽnəlist] *n.* 정신 분석학자

12

** **rely** [rilái] *v.* 믿다, 의지하다(on)

앞의 ly가 '풀다'인 반면 여기서 사용된 ly는 '묶다'라는 뜻이었고, 뒤에 접미사가 붙으면 li 가 된다. rely는 뒤(re)에 함께 묶여(ly) 있기에 서로를 함께 믿는다는 데서 유래했다.

- They **rely** more on their cars than before.

  그들은 전보다 그들의 자동차에 더 **의지한다**.

More Words

self-reliant *a.* 자립하는

★★ **serious** [síəriəs] *a.* 심각한, 진지한

'무거운'이라는 뜻을 지녔던 seri에서 파생되어 ~한 상태가 무게 있고 중요한 데서 유래.

- Air pollution is another **serious** problem.

  공기 오염은 또 다른 **심각한** 문제이다.

| **seri**
무거운 ▶ | **serious**
[síəriəs]
a. 심각한, 진지한 ▶ | **seriously**
[síəriəsli]
ad. 심각하게 ▶ | **seriousness**
[síəriəsnis]
n. 심각성 |

More Words

in all seriousness 아주 심각하게

◆혼동

| **seri**
연결하다,
놓다 ▶ | **series**
[síəri:z]
n. 연속, 일련 ▶ | **serial**
[síəriəl]
a. 연속[쇄]적인
n. 연재물, 연속극 |

| **sert** ▶ | **insert**
[insə́:rt]
v. 삽입하다,
넣다 | **desert**
[dézərt]
n. 사막
v. 버리다 ▶ | **deserted**
[dizə́:rtid]
a. 사람이 없는, 버려진 | **desertification**
[dèzə:rtəfəkéiʃən]
n. 사막화 |

★★ **cooperation** [kouɑ̀pəréiʃən] *n.* 협조, 협력

혼자 일하는 것이 아닌 함께(co) 일하는(oper) 데서 유래.

- Thank you for your **cooperation**, and we hope you enjoy your time.

  여러분의 **협조**에 감사드리며, 즐거운 시간을 보내기를 바랍니다.

| **oper**
일하다 ▶ | **operate**
[ápərèit]
v. 운영하다, 작동시키다,
수술하다(on) ▶ | **operation**
[àpəréiʃən]
n. 운영, 작동, 수술 | **operator**
[ápərèitər]
n. 전화교환원, 기계 조작자 |

| ▶ | **cooperate**
[kouápərèit]
v. 협력[협조]하다 ▶ | **cooperation**
[kouɑ̀pəréiʃən]
n. 협력[협조] | **cooperative**
[kouápərətiv]
a. 협력하는 *n.* 협동조합 |

15

★★ chemical [kémikəl] *a.* 화학의 *n.* 화학물질

'붓다'라는 뜻이었던 chem에서 파생되어 여러 가지를 부어서 물질의 변화와 구조를 연구하는 데서 유래.

- This **chemical** is very destructive, especially for children.
  이 **화학물질**은 특히 어린이들에게 매우 파괴적이다.

chem
붓다

▶ **chemical**
[kémikəl]
a. 화학의 *n.* 화학물질

▶ **chemically**
[kémikəli]
ad. 화학적으로

▶ **chemist**
[kémist]
n. 화학자

▶ **chemistry**
[kéməstri]
n. 화학

16

★★ unsightly [ʌnsáitli] *a.* 볼품없는, 흉한

시야(sight)에 좋게 안(un) 보이는 것을 표현하는 데서 유래.

- The cracks in the wall were very **unsightly**.
  벽에 생긴 균열은 매우 **보기 흉했다**.

sight
[sait]
n. 시각, 시야

▶ **sightly**
[sáitli]
a. 보기 좋은

▶ **unsightly**
[ʌnsáitli]
a. 볼품없는, 흉한

▶ **eyesight**
[áisàit]
n. 시력

nearsighted
[níərsàitid]
a. 근시안적인

▶ **nearsightedness**
[níərsàitidnis]
n. 근시

▶ **insight**
[ínsàit]
n. 통찰력, 직관

▶ **insightful**
[ínsàitfəl]
a. 통찰력 있는

17

*** abbreviate [əbríːvièit] v. 축약하다, 줄이다

'짧은'이라는 뜻을 지닌 brev(=brief)에서 파생되어 한쪽(ab)에 있는 것을 짧게(brev) 만드는 데서 유래.

- This dictionary **abbreviates** the word "noun" by using "n."
  이 사전은 n을 사용하여 단어 noun(명사)을 **축약한다**.

More Words
in brief 간단히 말해서

18

*** council [káunsəl] n. 의회, 회의

함께(coun =con) 사람들을 불러서(cil =call) 얘기를 나누는 데서 유래.

- The Security **Council** is due to meet again during the first week of March. 안보리 **회의**는 3월 첫째 주에 다시 열릴 예정이다.

More Words
student council 학생회

*** discrimination [diskrìmənéiʃən] n. 차별

discrimination은 여러 사람 중 일부를 따로(dis) 분리해(crimin) 떼어놓는 데서 '차별'이라는 뜻이 된 단어이고, crime은 현재 선(善)과 반대로 분리되어 있는 '죄, 범죄'를 의미하게 되었다.

* She is working hard to reduce racial **discrimination**.

  그녀는 인종**차별**을 줄이기 위해 열심히 일하고 있다.

*** biography [baiɑ́grəfi] n. 전기

biography는 사람의 일생(bio)을 적는다(graph)고 하여 '전기'가 된 것이고, autobiography는 자신(auto)의 일생(bio)을 적는다(graph)고 하여 '자서전'으로 쓰이게 되었다.

* She was reading a **biography** about Abraham Lincoln.

  그녀는 에이브러햄 링컨의 **전기**를 읽고 있었다.

01

> ★ **abroad** [əbrɔ́ːd] *ad.* 해외에서, 해외로

broad에서 파생되어 더 넓은 곳으로 벗어나(a) 새로운 땅으로 가는 데서 유래.

• We hope to travel **abroad** next year.

우리는 내년에 **해외로** 여행 가기를 바란다.

broad	**broadly**	**broaden**	**breadth**
[brɔːd]	[brɔ́ːdli]	[brɔ́ːdn]	[bredθ]
a. (폭) 넓은	*ad.* 대체로, 활짝	*v.* 넓히다	*n.* 폭, 너비

▶

abroad
[əbrɔ́ːd]
ad. 해외에서, 해외로

02

> ★ **broadcast** [brɔ́ːdkæ̀st] *v.* 널리 알리다, 방송하다

broad와 cast가 합쳐져 전파를 널리(broad) 던져(cast) 퍼뜨리는 데서 유래.

• Our guest arrived in the **broadcasting** studio, and I started my show at 11:00.

우리의 출연자가 **방송** 스튜디오에 도착했고, 나는 11시에 프로그램을 시작했다.

cast	**casting**	**downcast**
[kæst]	[kǽstiŋ]	[dáunkæ̀st]
v. 던지다, 보내다, (빛을) 발하다	*n.* 배역	*a.* 눈을 내리뜬, 풀이 죽은

broadcast	**forecast**
[brɔ́ːdkæ̀st]	[fɔ́ːrkæ̀st]
v. 널리 알리다, 방송하다	*v.* 예보[예측]하다
n. 방송	*n.* 예보, 예측

More Words

cast the vote 표를 던지다 　 **whether forecast** 일기예보

03

> ★ **store** [stɔːr] *v.* 저장[보관]하다 *n.* 상점, 가게, 저장고[량]

store의 원래 뜻은 '세우다'였고 이 뜻을 통해 현재는 물건 등을 세워서 쌓아 놓는 '저장 [보관]하다'가 된 것이다. restore도 store의 원래의 뜻이 확장되어 다시 세우는 '복원하 다'라는 뜻이 되었다.

- The virus is a particle that can be **stored** like chemicals in a bottle.

  바이러스는 화학 약품처럼 병 속에 **보관할** 수 있는 입자이다.

store
[stɔːr]
세우다 *v.* 저장[보관]하다
n. 상점, 가게, 저장고[량]

storage
[stɔ́ːridʒ]
n. 저장, 보관, 저장고

restore
[ristɔ́ːr]
v. 회복하다, 복원하다

restoration
[rèstəréiʃən]
n. 회복, 복원

More Words

in the store 재고가 있는

04

> ★ **uneasy** [ʌníːzi] *a.* 불안한, 불편한

easy가 지닌 '편안한'이라는 뜻에 부정이나 반대를 의미하는 un이 붙어서 생긴 단어.

- She has a rather **uneasy** relationship with her mother-in-law.

  그녀는 그녀의 시어머니와 꽤 **불편한** 관계를 가지고 있다.

easy
[íːzi]
a. 편안한, 쉬운

easily
[íːzili]
ad. 쉽게

uneasy
[ʌníːzi]
a. 불안한, 불편한

uneasily
[ʌníːzəli]
ad. 불안하게

★★ **disease** [dizíːz] *n.* 질병, 병

ease는 병 등이 없는 '편함/편해지다'라는 뜻이고 이 단어의 반대(dis)의 의미로 파생되어 다시 병이 있게 된 상태를 의미하는 단어가 disease이다.

- There are other **diseases** that our bodies cannot successfully resist on their own.

  우리 몸이 스스로 성공적으로 저항할 수 없는 다른 **질병들**이 있다.

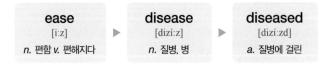

★★ **outdated** [àutdéitid] *a.* 구식의, 시대에 뒤진

날짜(dated)가 지난(out) 것에서 유래.

- However, today we are so interdependent that the concept of war has become **outdated**.

  그러나 오늘날 우리는 매우 상호 의존적인 관계이므로 전쟁의 개념이 **시대에 맞지 않게** 되었다.

> **More Words**
>
> **date back to** ~까지 거슬러 올라가다
>
> **to date** 지금까지
>
> **due date** 만기일

07

** variety [vəráiəti] *n.* 다양성, 종류

'다르다, 다양하다'라는 뜻을 지닌 vary에서 명사로 파생된 단어.

- She was surprised by the **variety** of the choices that were available.

  그녀는 **다양**한 선택이 가능하다는 것에 놀랐다.

vary
[véəri]
v. 다르다, 다양하다, 바꾸다

▶ variety
[vəráiəti]
n. 다양성, 종류

▶ various
[véəriəs]
a. 다양한

variation
[vèəriéiʃən]
n. 변종, 변화

More Words

a variety of 다양한, 여러 가지의

08

** fortune [fɔ́:rtʃən] *n.* 운, 부, 재산

기회 등이 자신에게 옮겨(fortu)지는 데서 유래

- The renowned writer left a large **fortune** to his two sons.

  그 저명한 작가는 그의 두 아들에게 엄청난 **재산**을 물려주었다.

fortu
옮기다

▶ fortune
[fɔ́:rtʃən]
n. 운, 부, 재산

▶ fortunate
[fɔ́:rtʃənət]
a. 운이 좋은, 다행인

▶ fortunately
[fɔ́:rtʃənətli]
ad. 다행히도

▼

unfortunate
[ʌnfɔ́:rtʃənət]
a. 운이 없는, 불행한

▶ unfortunately
[ʌnfɔ́:rtʃənətli]
ad. 불행하게도

** critical [krítikəl] *a.* 비판적인, 중요한, 긴[위]급한

일이나 상황을 판단(cri)하는 데서 유래.

- She heard that her grandfather was in **critical** condition.
  그녀는 할아버지가 **위급한** 상황이라는 이야기를 들었다.

| cri 판단하다 | critic [krítik] *n.* 비평가, 평론가 | critical [krítikəl] *a.* 비판적인, 중요한, 긴[위]급한 | critically [krítikəli] *ad.* 비판적으로 | crisis [kráisis] *n.* 위기 |

criticism [krítəsizm] *n.* 비평, 비판 / criticize [krítəsàiz] *v.* 비판하다 / criterion (*pl.* criteria) [kraitíəriən] *n.* 기준

** clarify [klǽrəfài] *v.* 명확히 하다

clear(= clare)가 지니고 있는 '명확한'이라는 뜻에서 파생된 단어.

- Big words are used to confuse and impress rather than **clarify**.
  과장된 말은 **명확하게 하기**보다는 혼란시키고 관심을 끄는 데 사용된다.

| clear(= clare) [kliər] *a.* 깨끗한, 분명한, 명확한 *v.* 치우다 | clearly [klíərli] *ad.* 명확[명료]하게, 분명하게 |

clarify [klǽrəfài] *v.* 명확히 하다 / declare [diklɛ́ər] *v.* 선언하다, (세관에) 신고하다

11

** welfare [wélfɛ̀ər] *n.* 복지

fare는 원래 '가다'라는 뜻이었고 현재는 여행을 갈 때 차편을 이용하는 대가로 내는 '요금'을 뜻하게 된 것이다. welfare는 사람들이 잘(wel = well) 살아갈(fare) 수 있게 하는 것을 의미하여 '복지'라는 뜻이 된 단어이다.

- She has become interested in social **welfare**.
  그녀는 사회**복지**에 관심을 갖게 되었다.

fare	welfare	farewell
[fɛər]	[wélfɛ̀ər]	[fɛ̀ərwél]
가다 *n.* 요금	*n.* 복지	*n.* 작별인사, 고별

> **More Words**
> social[animal, child] welfare 사회[동물, 아동] 복지
> welfare center 복지관

◆혼동

well [wel] *n.* 우물

12

** announcement [ənáunsmənt] *n.* 발표, 안내(방송)

announce는 사람들이 있는 쪽(an)에 알린다(nounce)고 해서 '발표하다'라는 뜻이 된 것이고, pronounce는 사람들 앞(pro)에서 똑바른 내용을 말로써 알린다(nounce)고 하여 '발음하다'라는 뜻이 되었다.

- He was relieved to hear the **announcement**.
  그는 **안내방송**을 듣고 안도했다.

13

** barely [béərli] *ad.* 겨우, 간신히, 거의 ~않는

'벌거벗은'이라는 뜻을 지닌 bare에서 파생되어 거의 입지 않은 상태를 표현하는 데서 유래.

● I can **barely** remember life without television.
나는 텔레비전이 없는 삶을 **거의** 기억할 수 **없다**.

bare
[bɛər]
a. 벌거벗은, 맨 ~
▶
barely
[béərli]
ad. 겨우, 간신히, 거의 ~않는

▶
barefoot
[béəfùt]
a. 맨발의 *ad.* 맨발로

barehanded
[béərhǽndid]
a. 맨손의

bareheaded
[béərhédid]
a. 머리에 아무것도 안 쓴

14

** likely [láikli] *a.* ~할 것 같은, 경향이 있는(to) *ad.* 아마도

like의 형용사의 뜻에서 파생되어 가능하면 비슷하게 하는 데서 유래.

● Oil and gas resources are not **likely** to be impacted by climate change.
기름과 가스 자원들은 기후 변화에 의해서 영향을 받을 **가능성이** 적다.

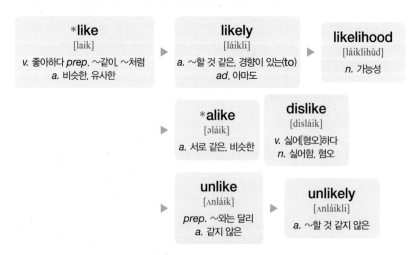

*like**
[laik]
v. 좋아하다 *prep.* ~같이, ~처럼
a. 비슷한, 유사한
▶
likely
[láikli]
a. ~할 것 같은, 경향이 있는(to)
ad. 아마도
▶
likelihood
[láiklihùd]
n. 가능성

▶
*alike**
[əláik]
a. 서로 같은, 비슷한

dislike
[disláik]
v. 싫어[혐오]하다
n. 싫어함, 혐오

▶
unlike
[ʌnláik]
prep. ~와는 달리
a. 같지 않은
▶
unlikely
[ʌnláikli]
a. ~할 것 같지 않은

* 형용사의 뜻으로 사용된 like(비슷한)는 명사 앞에 놓여서 뒤에 오는 명사를 수식하는 반면
  alike는 명사를 수식하지 않고 서술적 용법으로 사용된다.

15

** confirm [kənfɔ́:rm] v. 확인하다, 확신하다

firm의 '확고한'이라는 뜻에서 파생되어 완전히(con) 확고히(firm) 한다는 표현에서 유래.

- This letter is to **confirm** that you will be dismissed from the company effective October 14.

  이 편지는 당신이 10월 14일부로 회사에서 해고될 것임을 **확인하**기 위한 것이다.

| firm
[fɔ́:rm]
a. 확고한, 단호한, 굳은
n. 회사 | ▶ | firmly
[fɔ́:rmli]
ad. 확고히, 단호히 | firmness
[fɔ́:rmnis]
n. 확고함, 단호함 |

| ▶ | confirm
[kənfɔ́:rm]
v. 확인하다, 확신하다 | ▶ | confirmation
[kùnfərméiʃən]
n. 확인 |

16

** originate [ərídʒənèit] v. 유래하다, 나오다

'기원, 유래'를 의미하는 origin에서 파생된 단어.

- Their ideas often **originate** in discussion.

  그들의 아이디어들은 종종 토론에서 **나온다**.

| origin
[ɔ́:rədʒin]
n. 기원, 유래 | ▶ | original
[ərídʒənl]
a. 본래[원래]의, 독창적인
n. 원본, 원래의 것 | ▶ | originally
[ərídʒənəli]
ad. 본래, 원래 | originality
[ərìdʒənǽləti]
n. 독창성 |

| ▶ | originate
[ərídʒənèit]
v. 유래하다, 나오다 |

17

★★★ advocate [ǽdvəkèit] *v.* 변호하다, 지지하다 [ǽdvəkət, -kèit] *n.* 지지자

법률적으로 자신이 맡고 있는 사람을 위해(ad) 소리를 부르짖는(voc) 데서 유래.

- The actress was a strong **advocate** for children.
  그 여배우는 아이들의 든든한 **지지자**였다.

voc(=voke) 부르다 ▶ vocation [voukéiʃən] *n.* 직업, 소명 ▶ vocational [voukéiʃənl] *a.* 직업의

▶ advocate [ǽdvəkèit] *v.* 변호하다, 지지하다 [ǽdvəkət, -kèit] *n.* 지지자 ▶ advocacy [ǽdvəkəsi] *n.* 변호, 지지

18

★★★ evoke [ivóuk] *v.* 떠올리게 하다

evoke는 마음, 생각 안에 있던 것을 밖(e)으로 불러(voke)내는 데서 '떠올리게 하다'라는 뜻이 되었고, provoke는 많은 사람들 앞(pro)에서 자신의 이름을 불러(voke) 놀림거리로 만든다고 하여 '화나게 하다'라는 뜻이 되었다.

- Like fragments from old songs, clothes can **evoke** both cherished and painful memories.
  옛날 노래의 한 소절처럼, 옷은 소중한 추억과 함께 아픈 기억까지도 모두 **떠올리게 할** 수 있다.

voc(=voke) 부르다 ▶ evoke [ivóuk] *v.* 떠올리게 하다 ▶ evocation [èvəkéiʃən] *n.* 환기

▶ provoke [prəvóuk] *v.* 화나게 하다, 유발하다 ▶ provocation [prɑ̀vəkéiʃən] *n.* 도발, 자극 ▶ provocative [prəvǽkətiv] *a.* 도발적인, 자극적인

★★★ intelligent [intélədʒənt] *a.* 지적인, 총명한

머릿속(intel)에서 제대로 판단하여 고르는(lig) 데서 유래.

• One of my students is **intelligent** and very sincere in her attitude.

내 학생들 중 한 명은 **총명하고** 태도도 매우 성실하다.

| **lig**
고르다 | **intelligence**
[inté|ədʒəns]
n. 지능, 지성 | **intelligent**
[inté|ədʒənt]
a. 지적인, 총명한 | **intelligently**
[inté|ədʒəntli]
ad. 지적으로 | **unintelligent**
[ʌninté|ədʒənt]
a. 무지한 |

| | **diligence**
[dílidʒəns]
n. 근면, 성실 | **diligent**
[dílədʒənt]
a. 근면한, 성실한 | **diligently**
[dílədʒəntli]
ad. 근면하게 |

★★★ oblige [əbláidʒ] *v.* 의무[강제]적으로 ∼하게 하다

어떠한 일(ob)에 강제로 묶어(lige) 놓는 데서 유래.

• They were **obliged** to sell their house in order to pay their debts.

그들은 빚을 갚기 위해 **할 수 없이** 집을 팔**아야 했다**.

lige 묶다	**oblige** [əbláidʒ] *v.* 의무[강제]적으로 ∼하게 하다, 돕다	**obligation** [àbləgéiʃən] *n.* 의무
	religion [rilídʒən] *n.* 종교	**religious** [rilídʒəs] *a.* 종교의, 종교적인
	league [li:g] *n.* 리그, 연맹, 동맹	**colleague** [káli:g] *n.* 동료

소요시간 | 분

01

★ **adult** [ədʌ́lt, ǽdʌlt] *n.* 어른, 성인 *a.* 성인의

계속해서(ad) 나이(ult = old)를 먹어 다 성장하는 데서 유래.

- The **adult** has forgotten the troubles of his youth.
  성인은 자신의 젊은 시절의 걱정거리들을 잊는다.

More Words

adult disease 성인병

for adults 성인을 위한, 성인용의

02

★ **aid** [eid] *n.* 원조, 구조, 도움 *v.* 원조하다, 돕다

힘이 들 때 레몬에이드(aid)를 먹고 도움을 받는다는 것으로 암기.

- He has given millions of dollars in economic **aid** to refugees.
  그는 난민들에게 수백만 달러의 경제적 **원조**를 해주었다.

03

> ★ **document** [dάkjumənt] *n.* 서류, 문서 *v.* 기록하다

학생들을 가르치기(docu = doct) 위해 모아 놓은 자료에서 유래.

- These **documents** represent the essence of Korea's modern history records.

  이 **문서들**은 한국의 근현대사 기록의 정수이다.

04

> ★ **survive** [sərvάiv] *v.* 생존하다, 살아남다

vive는 '살다'라는 뜻을 지닌 live의 원형이고, survive는 가장 끝에서(sur) 살아(vive)남게 되는 데서 유래된 단어이다.

- Without the government's support, the performing arts cannot **survive**.

  정부의 지원 없이 공연 예술은 **살아남을** 수가 없다.

** politics [pálətiks] *n.* 정치, 정치학

politics는 그리스어로 '도시'를 의미했던 polis에서 파생되어 사람들이 도시를 잘 다스리는 것을 의미하여 나온 단어이다.

- **Global politics, as a result, has become more complex, involving countries from all continents.**

  그 결과, 모든 대륙의 국가를 포함하게 되어 세계 **정치**는 한층 더 복잡해졌다.

** polite [pəláit] *a.* 공손한, 예의바른, 세련된

'광내다'라는 뜻을 지닌 polish에서 파생되어 몸에 광을 내어 눈에 띄는 '세련된'이라는 뜻이 되었고, 또 귀족처럼 세련되고 남에게 예의를 갖추어 행동하는 데서 '공손한'이라는 뜻이 된 단어이다.

- **Many people think that he is very polite and humble.**

  많은 사람들은 그가 매우 **공손하고** 겸손한 사람이라고 생각한다.

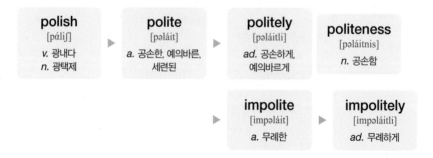

** economy [ikánəmi] *n.* 경제, 절약

'집'을 의미하던 eco와 '관리하다'라는 뜻을 지닌 nomy가 합쳐져 집을 잘 관리하는 데서 유래.

- The American **economy** exhibits a wide gap between the rich and poor.

  미국 **경제**는 엄청난 빈부의 격차를 보여주고 있다.

** ecological [ikəládʒikəl] *a.* 생태학의, 생태학적인

집(eco) 주위에 살고 있는 생물을 연구(logy)하는 데서 유래.

- He wrote a report on **ecological** matters.

  그는 **생태학적** 문제에 대한 보고서를 작성했다.

** environment [inváiərənmənt] n. 환경

environ은 안(en)에서 돈다(viron)는 원래 뜻을 통해 '둘러싸다'라는 뜻으로 사용되는 단어이고, environment는 주위를 둘러싸고 있는 '환경'을 의미하게 되었다.

- World leaders should have the vision to protect our **environment**.
  세계 지도자들은 우리의 **환경**을 보호하기 위한 비전을 가져야만 한다.

environ	environment	environmental	environmentally
[inváiərən]	[inváiərənmənt]	[invàiərənméntl]	[invàiərənméntli]
v. 둘러싸다	n. 환경	a. 환경적인	ad. 환경적으로

More Words

environment-friendly a. 환경 친화적인(=eco-friendly)

** pollution [pəlú:ʃən] n. 오염

웅덩이(pol = pool)에 더러운(lute) 것을 섞는 데서 유래.

- The use of detergents to clean objects can also cause additional water **pollution**.
  물건을 씻기 위해 세제를 사용하는 것도 추가적인 수질 **오염**을 유발할 수 있다.

pollute	polluted	pollution	pollutant
[pəlú:t]	[pəlú:tid]	[pəlú:ʃən]	[pəlú:tənt]
v. 오염시키다	a. 오염된	n. 오염	n. 오염물질, 오염원

11

** accuse [əkjúːz] v. 비난하다, 고발하다

잘못의 원인(cuse=cause)이 상대방을 향해(ac) 있는 데서 유래.

- The church **accused** him of impiety and had all his writings burned.

  교회는 그의 불신앙을 **비난했고** 그의 저작을 모조리 태워 버렸다.

* because는 접속사로, because of는 전치사로 사용된다.

12

** strategy [strǽtədʒi] n. 전략, 계획

과거 '군대'를 의미했던 strat와 '이끌다'라는 뜻이었던 eg(=ig)가 합쳐져 군대를 이끄는 '전략'을 의미하게 된 단어.

- Then the company can re-plan its **strategy** on the basis of the consultant's advice.

  그러면 회사는 자문위원의 조언에 근거해 **전략**을 새로 짤 수 있다.

13

> ** **sacrifice** [sǽkrəfàis] *n.* 희생 *v.* 희생하다

신에게 신성한(sacr) 것을 만들어(fice) 바치는 데서 유래.

- She helped them at the **sacrifice** of herself.
  그녀는 그녀 자신을 **희생**하여 그들을 도왔다.

14

> ** **toxic** [táksik] *a.* 독성이 있는, 유독한

'독'을 의미했던 tox에 형용사형 접미사인 -ic가 붙어서 생긴 단어.

- Residents of this volcanic island are exposed to **toxic** gas.
  이 화산섬에 사는 사람들은 **유독** 가스에 노출되어 있다.

15

** monologue [mánəlɔ̀ːg] *n.* 독백

monologue는 혼자서(mono) 하는 말(logue)을 의미하여 '독백'을 뜻하게 된 단어이고,
monotone은 한(mono) 음색(tone)으로만 소리를 내는 데서 '단조로운 소리'라는 뜻이
되었다.

- These **monologues** were recorded by famous comedians.
  이 **독백들**은 유명한 코미디언들이 녹음했다.

16

** batter [bǽtər] *n.* 반죽, 타자

'방망이로 치는 사람'이라고 하여 '타자'라는 뜻과 밀가루를 방망이(bat)로 쳐 만든 '반죽'
이라는 뜻도 지니게 된 단어.

- She put the cake **batter** into the oven and baked it for 20
  minutes.
  그녀는 케이크 **반죽**을 오븐에 넣고 20분 동안 구웠다.

17

*** democracy [dimάkrəsi] *n.* 민주주의

사람(demo)이 지배(cra)하는 데서 유래.

- What does **democracy** mean without the freedom to tell the truth?

  진실을 말할 자유 없이 **민주주의**가 무슨 의미가 있습니까?

| demo 사람 | ▶ democracy [dimάkrəsi] *n.* 민주주의 | democrat [démkræt] *n.* 민주주의자 | ▶ democratic [dèməkrǽtik] *a.* 민주주의의 |

18

*** commemorate [kəmémərèit] *v.* 기념하다

함께(com) 기억(memory)하는 데서 유래.

- In Korea, they **commemorate** Independence Day on August 15th.

  한국에서는 8월 15일을 광복절로 **기념한다**.

| memory [méməri] *n.* 기억, 추억 | ▶ memorable [mémərəbl] *a.* 기억할 만한 | memorial [məmɔ́ːriəl] *a.* 기념의, 추도의 |

memorize [mémərὰiz] *v.* 암기하다 ▶ memorization [mèmərəzéiʃən] *n.* 암기, 기억

commemorate [kəmémərèit] *v.* 기념하다 ▶ commemoration [kəmèməréiʃən] *n.* 기념

More Words
memorial service 추도식

*** confuse [kənfjúːz] v. 혼란시키다

여러 가지 것들을 함께(con) 섞어(fuse) 알 수 없게 하는 데서 유래.

- We are often **confused** by fuzzy edges.
  우리는 종종 분명하지 않은 경계선들로 **혼란스럽다.**

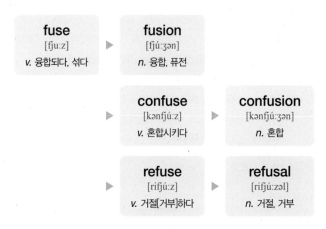

fuse
[fjuːz]
v. 융합되다, 섞다

fusion
[fjúːʒən]
n. 융합, 퓨전

confuse
[kənfjúːz]
v. 혼합시키다

confusion
[kənfjúːʒən]
n. 혼합

refuse
[rifjúːz]
v. 거절[거부]하다

refusal
[rifjúːzəl]
n. 거절, 거부

*** according to [əkɔ́ːrdiŋ tu] prep. ~에 따라서

accord는 다른 사람의 의견(ac)에 마음(cord)을 같이 따르게 되는 '일치하다'라는 뜻이 된 단어이고, 이 단어에서 파생된 according은 to와 함께 써서 '~에 따르면'이라는 뜻으로 쓰인다.

- **According to** ancient superstition, a mole can reveal a person's character. 고대 미신**에 따르면**, 점은 개인의 성격을 나타낼 수 있다.

cord
마음

accord
[əkɔ́ːrd]
n. 일치 v. 일치하다

according to
[əkɔ́ːrdiŋ tu]
prep. ~에 따라서

accordingly
[əkɔ́ːrdiŋli]
ad. 일치하여

record
[rékərd] n. 기록, 음반
[rikɔ́ːrd] v. 기록하다, 녹음하다

More Words

set the record 기록을 세우다   break the record 기록을 깨다
hold the record 기록을 보유하다

01

★ **reality** [riǽləti] *n.* 현실, 실제

real에서 명사로 파생된 단어.

- We tend to believe our culture mirrors a **reality** shared by everyone.

  우리는 우리의 문화가 모든 사람이 공유하는 **현실**을 반영한다고 믿는 경향이 있다.

| **real** [ríːəl] *a.* 현실의, 실제의 | ▶ | **really** [ríːəli] *ad.* 정말로, 실제로 | **realize** [ríːəlàiz] *v.* 깨닫다 | **reality** [riǽləti] *n.* 현실, 실제 |

| ▶ | **realist** [ríːəlist] *n.* 현실주의자 | ▶ | **realistic** [rìːəlístik] *a.* 현실적인 | ▶ | **unrealistic** [ʌ̀nriːəlístik] *a.* 비현실적인 |

More Words

in reality 사실, 실제로

02

★ **suddenly** [sʌ́dnli] *ad.* 갑자기

sudden에서 부사로 파생된 단어.

- **Suddenly** the engine died, and for mysterious reasons, the boat began to sink.

  알 수 없는 이유로 **갑자기** 엔진이 꺼졌고 보트는 가라앉기 시작했다.

| **sudden** [sʌ́dn] *a.* 갑작스러운 | ▶ | **suddenly** [sʌ́dnli] *ad.* 갑자기 |

More Words

all of a sudden 갑자기

03

＊ imagine [imǽdʒin] v. 상상하다

눈에 보이지 않는 모습(image)을 그려내는 데서 유래.

- It was hot that day, so climbing the mountain was much more difficult than I had **imagined**.

  그날은 날씨가 너무 더워서 산에 오르기는 내가 **상상한** 것 이상으로 무척 어려웠다.

04

＊ poster [póustər] n. 포스터, 광고전단

'기둥/게시하다'라는 뜻의 post에서 파생된 단어로 기둥에 붙이는 데서 유래.

- We will produce **posters** and advertisements in magazines.

  우리는 잡지에 실릴 **포스터**와 광고들을 만들 것이다.

More Words

lamppost [lǽmppòust] n. 가로등 기둥

+혼동

More Words

post office 우체국　postcard [póustkà:rd] n. 우편엽서

** postpone [poustpóun] *v.* 연기하다

앞에서와 달리 여기서 사용된 post는 '나중에, 뒤에'라는 뜻이고, pone은 '놓다'라는 뜻이다. 따라서 postpone은 지금 일을 나중으로 미루어 놓는 '연기하다'가 되었다.

- **They decided to postpone their holiday until next year.**

  그들은 내년까지 그들의 휴가를 **연기하기로** 결정했다.

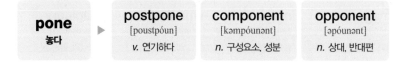

| pone
놓다 | ▶ | postpone
[poustpóun]
v. 연기하다 | component
[kəmpóunənt]
n. 구성요소, 성분 | opponent
[əpóunənt]
n. 상대, 반대편 |

06

** mimic [mímik] *v.* 모방하다, 흉내 내다

말없이 동물이나 물체를 흉내 내는 mime(무언극)에서 파생된 단어.

- **We liked to mimic our math teacher when we were high school students.**

  우리는 고등학생 때 수학 선생님을 **흉내 내**는 것을 좋아했다.

| mime
[maim]
n. 무언극[마임] | ▶ | mimic
[mímik]
v. 모방하다, 흉내 내다 | ▶ | mimicry
[mímikri]
n. 모방 |

| biomimicry
[bàioumímikri]
n. 생체 모방 | biomimetic
[bàioumimétik]
a. 생체 모방의 | ▶ | biomimetics
[bàioumimétiks]
n. 생체 모방학 |

** adore [ədɔ́:r] v. 숭배하다, 아주 좋아하다

신을 향해(ad) 말한다(ore)는 본래의 뜻에서 확장되어 신을 높이고 사랑하는 말을 하는 데서 '숭배하다'라는 뜻이 된 단어.

• It is obvious how much he **adores** her.
  그가 얼마나 그녀를 **아주 좋아하는**지는 명백하다.

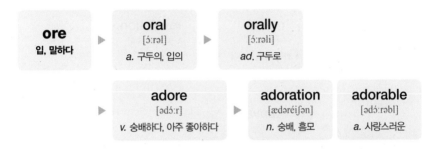

** brilliant [bríljənt] a. 빛나는, 뛰어난, 멋진

과거 '빛'을 의미했던 brilli에서 형용사로 파생된 단어.

• I thought the film that he made in the 1980s was so **brilliant**.
  나는 1980년대에 그가 만든 그 영화가 정말 **뛰어났다고** 생각했다.

** reveal [riví:l] *v.* 밝히다, 드러내다

덮여 있던(veal, vel, veil) 것을 뒤(re)로 치우는 데서 유래.

- Her biography **revealed** that she was not as rich as everyone thought.

  그녀의 전기는 모든 사람이 생각했던 것처럼 그녀가 부유하지 않았다고 **밝혔다**.

** disobedient [dìsəbí:diənt] *a.* 불복종하는, 반항하는

'복종[순종]하는'이라는 뜻을 지닌 obedient에 '반대'를 의미하는 dis가 붙어서 생긴 단어.

- Under the circumstances, he will become clingy, or **disobedient**, or both.

  그러한 환경에서 그는 들러붙거나 **불복종하거나** 아니면 둘 다가 될 것이다.

11

⋆⋆ **context** [kántekst] *n.* 문맥, 상황, 배경

'글, 문자'를 의미하는 text와 '함께'를 뜻하는 con이 합쳐져 글의 앞뒤가 연결된다는 의미에서 유래.

- Design cannot be fully understood outside of its cultural **context**.

  디자인은 그 문화적 **배경**을 배제하고서는 완전히 이해될 수 없다.

12

⋆⋆ **subtle** [sʌtl] *a.* 미묘한, 난해한

과거에는 글을 양피지에 썼기에 그러한 '직물'을 textile이라고 했다. subtle은 '아래'를 의미하는 sub와 textile을 줄여 쓴 tle이 합쳐진 단어로 밑에(sub) 있는 잘 보이지 않는 부분까지 짜여 있는 것을 의미하여 '미묘한'을 뜻하게 되었다.

- The **subtle** message of body language gets lost in phone conversations.

  신체 언어의 **미묘한** 메시지는 전화 대화에서는 잃어버리게 된다.

13

** industry [índəstri] *n.* 산업, 공업

사람들이 사는 곳 안(indu)에 농장, 공장 등의 건물을 세워(st) 일을 생산해내는 데서 유래.

- Some people claim that the whaling **industry** constitutes an important part of the economy.

  어떤 이들은 포경 **산업**이 경제의 중요한 부분을 구성한다고 주장한다.

industry	industrial	industrialize	industrialization
[índəstri]	[indʌ́striəl]	[indʌ́striəlàiz]	[indʌ̀striəlizéiʃən]
n. 산업, 공업	*a.* 산업[공업]의	*v.* 산업[공업]화하다	*n.* 산업[공업]화

> **More Words**
>
> cattle[film, farming, mining, textile] industry 가축[영화, 농장, 광산, 섬유] 산업

14

** annual [ǽnjuəl] *a.* 1년에 한 번의, 연례의

라틴어로 '년, 해(annu = year)'를 의미하는 annu에서 파생된 단어.

- Companies publish **annual** reports to inform the public about the previous year's activities.

  회사들은 일반에게 전년도의 활동 사항을 알리기 위해 **연례** 보고서를 출간한다.

annu 년, 해	annual [ǽnjuəl] *a.* 1년에 한 번의, 연례의	annually [ǽnjuəli] *ad.* 매년, 연례적으로
enni	biennial [baiéniəl] *a.* 2년에 한 번의	perennial [pəréniəl] *a.* 지속되는, 영원한

> **More Words**
>
> annual fee 연회비

15

** circulate [sə́:rkjulèit] v. 순환하다, 퍼지다

'원'을 의미하는 circle(= circule)에서 파생되어 원처럼 돌고 사람들에게 퍼지는 데서 유래.

- The cold water in this building **circulates** through these pipes.
  이 아파트의 차가운 물이 이 파이프를 통해 **순환한다**.

16

** obvious [ábviəs] a. 명백한, 분명한

자신 앞(ob)에 확실하게 보이는 길(via)을 표현하는 데서 유래.

- They need money for the **obvious** reason that they have a small child.
  그들은 어린아이가 있다는 **명백한** 이유로 돈이 필요하다.

17

★★★ **trivial** [tríviəl] *a.* 사소한, 하찮은

라틴어로 '3'을 의미하는 tri와 '길'을 의미하는 via가 합쳐져 생긴 단어로 '세 개의 길이 만나는 장소'를 뜻했다가 현재는 누구나 쉽게 만나고 볼 수 있는 것을 형용사로 표현하여 '사소한, 하찮은'이라는 뜻이 되었다.

● We decide what is important or **trivial** in life.
　　우리는 인생에서 무엇이 중요한지 또는 무엇이 **사소한**지 결정한다.

18

★★★ **certificate** [sərtífikət] *n.* 증명서, 인증서 [sərtífəkèit] *v.* 인증하다

certify는 '확실한'이라는 뜻을 지닌 certain과 동사를 만드는 접미사 -ify가 결합하여 확실하게 보여주는 '증명하다'라는 뜻이 되었고, certificate은 '증명서'로 쓰이게 되었다.

● They will proudly receive their graduation **certificates**.
　　그들은 자신들의 졸업**장**을 자랑스럽게 받을 것이다.

*** confidence [kánfədəns] *n.* 자신감, 확신

confide는 완전히(con) 믿기(fide) 때문에 '신용하다'라는 뜻이 된 것이고, confidence
는 확실히 신용할 수 있는 '자신감'을 의미한다.

* As the students became more optimistic, their **confidence** in
  math grew, too. 학생들이 더 낙관적이 될수록, 수학에 대한 그들의 **자신감**도 같이 늘었다.

fide
믿다

fidelity
[fidéləti]
n. 신의, 정절

confide
[kənfáid]
v. 신용하다,
(비밀을) 털어놓다

confidence
[kánfədəns]
n. 자신감, 확신

confident
[kánfədənt]
a. 자신감 있는,
확신하는

confidently
[kánfədəntli]
ad. 자신감 있게

confidant
[kánfədænt]
n. 친구

*** conveyer[conveyor] [kənvéiər] *n.* 전달자, 운반 장치

물건이나 짐을 함께(con) 지니고 가는(vey) 것(er)을 의미해서 생긴 단어.

* The Internet is a global **conveyer** of unfiltered, unedited, and
  untreated information.
  인터넷은 여과되지 않고, 편집되지 않고, 처리되지 않은 정보의 세계적인 **전달자**이다.

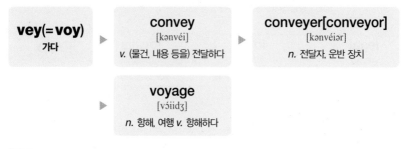

vey(=voy)
가다

convey
[kənvéi]
v. (물건, 내용 등을) 전달하다

conveyer[conveyor]
[kənvéiər]
n. 전달자, 운반 장치

voyage
[vɔ́iidʒ]
n. 항해, 여행 *v.* 항해하다

+혼동

survey [sərvéi] *n.* 조사 *v.* 조사하다

01

> ★ **legal** [líːgəl] *a.* 합법적인, 법률의

과거 '법'을 의미했던 lege에서 파생된 단어.

• Is smoking **legal** inside buildings in your country?

당신의 국가에서는 건물 내에서 담배를 피우는 것이 **합법**입니까?

| **lege**
법 | ▶ | **legal**
[líːgəl]
a. 합법적인, 법률의 | ▶ | **legally**
[líːgəli]
ad. 합법적으로 | **legalize**
[líːgəlàiz]
v. 합법화하다 | **legalization**
[lìːgəlizéiʃən]
n. 합법화 |

| ▶ | **illegal**
[ilíːgəl]
a. 불법적인 | ▶ | **illegally**
[ilíːgəli]
ad. 불법적으로 |

➕혼동

legacy [légəsi] *n.* 유산, 유증

02

> ★ **loyal** [lɔ́iəl] *a.* 충실한, 충성스러운

legal에서 파생된 단어로 법을 잘 지키는 것처럼 명령을 잘 지키는 데서 유래.

• Their passion ensures that these fans remain **loyal**.

그들의 열정은 이 팬들이 **충성스러운** 상태로 남아 있게 한다.

| **legal**
[líːgəl]
a. 합법적인, 법률의 | ▶ | **loyal**
[lɔ́iəl]
a. 충실한, 충성스러운 | ▶ | **loyally**
[lɔ́iəli]
ad. 충성스럽게 | **loyalty**
[lɔ́iəlti]
n. 충성심 |

➕혼동

| **royal**
[rɔ́iəl]
a. 국왕의, 왕실의 | ▶ | **royal tomb**
왕릉 | **royal palace**
왕궁 | **royalty**
[rɔ́iəlti]
n. 저작권 사용료 |

03

★ **viewer** [vjúːər] *n.* 보는 사람, 시청자

view에 '사람', '사물'을 의미하는 -er이 붙어서 생긴 단어.

- Television **viewers** tend to be lazier and less hardworking than people who don't watch TV.

  텔레비전을 **보는 사람들**은 TV를 보지 않는 사람들보다 더 게으르고 덜 부지런한 경향이 있다.

More Words

point of view 관점   view A as B A를 B로 여기다[간주하다]

04

★ **priceless** [práislis] *a.* 값을 매길 수 없는, 아주 귀중한

값이 없는 것이 아닌 값(price)을 매길 수 없는(less) 것을 의미.

- The **priceless** paintings have been handed down through the generations.   그 **귀중한** 그림들은 대대로 전해 내려오고 있다.

More Words

reasonably-priced *a.* 적절한 가격의

05

** vital [váitl] *a.* 생명의, 필수적인[중요한]

'생명'을 의미했던 vita에서 파생된 단어.

• Kidneys are **vital** organs for all human beings.
신장은 모든 인간에게 **중요한** 기관이다.

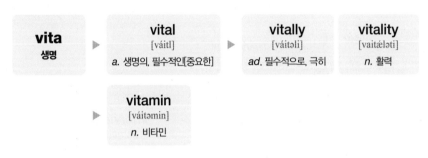

vita
생명

▶ **vital**
[váitl]
a. 생명의, 필수적인[중요한]

▶ **vitally**
[váitəli]
ad. 필수적으로, 극히

vitality
[vaitǽləti]
n. 활력

▶ **vitamin**
[váitəmin]
n. 비타민

06

** unpleasant [ʌnplézənt] *a.* 불쾌한, 내키지 않는

pleasant는 please의 동사로서의 뜻인 '기쁘게 하다'라는 뜻에서 파생된 단어이고,
unpleasant는 반대의 의미로 파생되었다. 이와 달리 plead는 please의 '부디, 제발'이라
는 뜻에서 파생되어 '간청하다'라는 뜻이 된 단어이다.

• A job, however **unpleasant** or poorly paid, is critical for a
person's sense of identity.
아무리 **내키지 않고** 박봉이라도 직업은 인간의 정체성에 매우 중요하다.

please
[pli:z]
v. 기쁘게 하다, 바라다
ad. 부디, 제발

▶ **pleased**
[pli:zd]
a. 기쁜

pleasure
[pléʒər]
n. 기쁨

pleasant
[plézənt]
a. 유쾌한

▶ **pleasantly**
[plézəntli]
ad. 유쾌하게

unpleasant
[ʌnplézənt]
a. 불쾌한, 내키지 않는

▶ **unpleasantly**
[ʌnplézəntli]
ad. 불쾌하게

▶ **plead**
[pli:d]
v. 간청하다

** sensitive [sénsətiv] *a.* 민감한, 예민한

sensitive는 잘 느낄(sense) 수 있는 것을 표현하여 생긴 단어이고, sensation은 모든 사람이 다 느낄 수 있는 것을 의미하여 생겨난 단어이다.

- My brother is not the right man to undertake such a **sensitive** task.

  내 동생은 그런 **민감한** 일을 맡을 수 있을 만한 사람이 아니다.

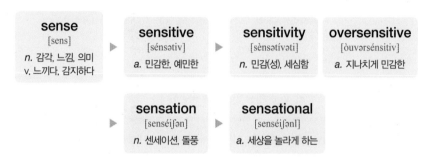

** sensible [sénsəbl] *a.* 분별(력) 있는

sense에서 파생되어 느껴서 판단할 수 있는(ible) 것을 표현하여 생긴 단어.

- Jimmy is the most **sensible** person I know.

  지미는 내가 아는 가장 **분별력 있는** 사람이다.

More Words

in a sense 어떤 점[의미]에서

** translate [trænsléit] v. 번역[통역] 하다

한쪽에 있는 내용을 가로질러(trans) 다른 쪽으로 옮겨(late) 적는 데서 유래.

- **Do you know anyone who can translate Chinese into Korean?**
  중국어를 한국어로 **번역할** 수 있는 사람 아십니까?

| **late** 옮기다 | ▶ | **translate** [trænsléit] v. 번역[통역]하다 | ▶ | **translation** [trænsléiʃən] n. 번역, 통역 | ▶ | **translator** [trænsléitər] n. 번역[통역]가 |

** relate [riléit] v. 관련[관계]시키다, 공감하다

얻게 된 정보나 사실을 뒤(re)에 있는 사람에게 옮겨(late) 내용을 전달하는 데서 유래.

- **Traditional classrooms are a place where students may relate to one another face to face.**
  전통적인 교실은 학생들이 서로 얼굴을 맞대고 **관계를 맺을** 수 있는 장소이다.

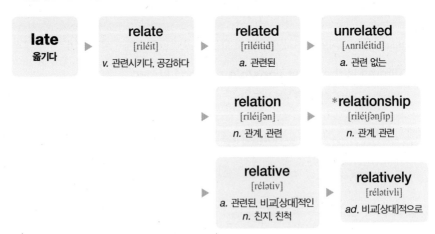

* 인간관계는 대부분 relationship으로 표현한다.

11

★★ **lately** [léitli] *ad.* 최근에, 얼마 전에

'늦은'을 뜻하는 late에서 파생되어 시간적으로 가장 늦은 최근을 표현하는 데서 유래.

- She replied, "Frankly, I've been a little depressed **lately**."
  그녀는 "솔직히 **최근 들어** 조금 우울해요."라고 대답했다.

More Words

in the late ~말에   **the latter** 후자(의)(↔ **the former** 전자(의))

+혼동

12

★★ **dominate** [dámənèit] *v.* 지배하다

'주인'을 의미했던 domin에서 파생되어 주인이 땅을 지배하는 데서 유래.

- She refuses to let others speak and **dominates** every meeting.
  그녀는 다른 사람들이 말하는 것을 허용치 않고 모든 회의를 **지배한다**.

13

** approve [əprúːv] v. 승인하다, 인정하다

진짜임을 증명(prove)시켜 통과(ap)하는 데서 유래.

- A child, for example, wants to do something that his mother doesn't **approve** of.

  예를 들어, 어린이는 어머니가 **허락하지** 않는 것을 하고 싶어 한다.

More Words

waterproof [wɔ́ːtərprùːf] v. 방수하다 a. 방수의

windproof [wíndprùːf] a. 방풍의

foolproof [fúːlprùːf] a. 아주 확실한

14

** delay [diléi] v. 미루다, 연기하다 n. 지연, 지체

'놓다'라는 뜻의 lay에서 파생되어 지금 해야 할 일을 끝내지 못하고 멀리(de) 놓는다(lay)는 데서 유래.

- A formal discussion on the proposal was **delayed** until now.

  그 제안에 대한 공식적인 논의는 현재까지 **미뤄져** 왔다.

More Words

double-layered a. 두 개의 층을 가진

multilayered [mʌ̀ltiléiərd] a. 다층의, 층층의

delayed shipment 배송 지연

15

** surround [səráund] v. 둘러싸다

'둥근'을 뜻하는 round에서 파생되어 위(sur)에서 둥글게(round) 감싸는 데서 유래.

- Teens **surround** themselves with imaginary audience.
  십대들은 가상의 관객들로 자기 주변을 **둘러싸고** 있다.

round
[raund]
a. 둥근, 대략의
ad. 둥글게, 돌아(서)

▶ **around**
[əráund]
ad. 주위에, 여기저기에, 대략

▶ **surround**
[səráund]
v. 둘러싸다

▶ **surrounding**
[səráundiŋ]
a. 주위의, 둘러싸고 있는

▶ **surroundings**
[səráundiŋz]
n. 환경

More Words
all year round 일 년 내내

16

** mankind [mænkáind] n. 인류, 인간

'사람'을 뜻하는 man과 '종류'를 의미하는 kind가 합쳐져서 생긴 단어.

- He has helped **mankind** in innumerable ways.
  그는 무수한 방법으로 **인류**를 도와왔다.

kind
[kaind]
n. 종류 a. 친절한

▶ **kindly**
[káindli]
ad. 친절하게

kindness
[káindnis]
n. 친절함

▶ **unkind**
[ʌnkáind]
a. 불친절한

▶ **unkindly**
[ʌnkáindli]
ad. 불친절하게

unkindness
[ʌnkáindnis]
n. 불친절함

▶ **mankind**
[mænkáind]
n. 인류, 인간

+혼동

kindergarten [kíndərgɑ̀ːrtn] n. 유치원

17

★★★ compete [kəmpíːt] v. 경쟁하다, 겨루다

compete는 원하는 것을 차지하기 위해 많은 사람들이 함께(com) 찾는(pete) 데서 '경쟁하다'가 되었고, competence는 경쟁할 수 있는 '능력'을 뜻한다.

- Why is it difficult to find a runner who **competes** equally well in both the 100m and 10,000m races?

  왜 100미터와 10,000미터 경주를 둘 다 똑같이 잘 **해내는** 달리기 선수를 찾기가 어려울까?

pete
찾다

▶ **compete**
[kəmpíːt]
v. 경쟁하다, 겨루다

▶ **competition**
[kàmpətíʃən]
n. 경쟁, 다툼, 대회

competitive
[kəmpétətiv]
a. 경쟁의, 경쟁적인

▶ **competence**
[kámpətəns]
n. 능력, 권한

competent
[kámpətənt]
a. 유능한

▶ **competently**
[kámpətəntli]
ad. 유능하여

▼

incompetence
[inkámpətəns]
n. 무능(력)

incompetent
[inkámpətənt]
a. 무능[무력]한

18

★★★ territory [térətɔ̀ːri] n. 영토, 지역

'땅'을 의미하는 terra에서 파생되어 '정복하고 지배하게 된 땅'을 가리키는 데서 유래.

- Such contingencies can lead to disputes over **territory**.

  그러한 우발성은 **영토**를 둘러싼 분쟁을 유발할 수 있다.

terra
[térə]
n. 땅, 지구

▶ **terran**
[térən]
n. 지구인

terrain
[təréin]
n. 지세, 지형

▶ **territory**
[térətɔ̀ːri]
n. 영토, 지역

More Words

Mediterranean [mèdətəréiniən] a. 지중해의

19

*** **experiment** [ikspérəmənt] *n.* 실험

밖(ex)으로 나가서 계속해서 시도(peri)를 하는 데서 유래.

● Scientists should be careful to reduce any chance of biases arising in their **experiments**.

과학자들은 그들의 **실험**에서 편견이 발생할 가능성을 줄이도록 조심해야 한다.

20

*** **accelerate** [æksélərèit] *v.* 가속화하다

원하는 방향 쪽(ac)으로 빠르게(celer) 갈 수 있게 만드는 데서 유래.

● Newly released cars are designed to **accelerate** and brake swiftly.

새롭게 출시된 차들은 **가속**과 제동을 신속하게 할 수 있게 설계되었다.

01

> ★ **theft** [θeft] *n.* 절도, 도난, 도용

'도둑'을 의미하는 thief에서 파생되어 명사로 사용된 단어.

- The **theft** of the jewelry and other valuables was immediately reported to the police.
  보석과 다른 귀중품들의 **도난**은 곧바로 경찰에게 신고되었다.

thief	▶	thieves		theft
[θi:f]		[θi:vz]		[θeft]
n. 도둑		*n.* 도둑들		*n.* 절도, 도난, 도용

More Words

identity theft 신분[신원] 도용

02

> ★ **mount** [maunt] *v.* 오르다, 타다

'산'을 의미하는 mountain이 파생되어 나온 단어로 말 위로 올라가는 데서 유래.

- The children's excitement is **mounting** as Christmas gets nearer.
  크리스마스가 점점 가까워지자 아이들의 흥분이 더욱 더 **고조되고** 있다.

mount	▶	mountain	▶	mountainous
[maunt]		[máuntən]		[máuntənəs]
v. 오르다, 타다		*n.* 산		*a.* 산지의, 산악지역의

		amount
	▶	[əmáunt]
		n. 양

More Words

mount up 늘어나다, 증가하다

★ **favorite** [féivərit] *a.* 가장 좋아하는 *n.* 가장 좋아하는 것

favor의 동사의 뜻인 '좋아하다'에서 유래.

- Her **favorite** toy used to be a rag doll with eyes made from buttons.

  그녀가 **가장 좋아하곤** 했던 장난감은 단추 눈을 가진 헝겊 인형이었다.

favor
[féivər]
n. 호의, 찬성
v. 좋아하다, 총애하다

▶ **favorable**
[féivərəbl]
a. 호의적인, 유리한

▶ **unfavorable**
[ʌnféivərəbl]
a. 비판적인, 불리한

▶ **favorite**
[féivərit]
a. 가장 좋아하는
n. 가장 좋아하는 것

More Words

in favor of ~에 찬성[지지]하여

do a favor 호의를 베풀다

ask a favor of ~에게 부탁을 하다

◆혼동

flavor [fléivər] n. 풍미, 맛

★ **gambling** [gǽmbliŋ] *n.* 도박

game에서 변형되어 파생된 단어.

- Today they are used in **gambling** and other games of chance.

  오늘날 그것들은 **도박**과 다른 확률 게임에 사용된다.

game
[geim]
n. 게임, 시합

▶ **gamble**
[gǽmbl]
v. 도박을 하다

▶ **gambling**
[gǽmbliŋ]
n. 도박

gambler
[gǽmblər]
n. 노름꾼

05

** combine [kəmbáin] v. 결합하다

두 개(bine)를 함께(com) 연결하는 데서 유래.

- In a small bowl, **combine** chocolate chips and milk and mix them.

  작은 그릇에 초콜릿칩과 우유를 같이 **합하고** 그것들을 섞어라.

| bine 둘 | combine [kəmbáin] v. 결합하다 | combined [kəmbáind] a. 결합된 | combination [kὰmbənéiʃən] n. 결합 |

06

** immediately [imí:diətli] ad. 즉시

중간(medi = middle)이 없이(im) 곧바로 진행이 되는 데서 유래.

- Rumors published on the Internet now have a way of **immediately** becoming as good as facts.

  인터넷에 발표된 소문들은 이제 **즉시** 사실이나 다름없게 되어 간다.

| medi 중간 | medium [mí:diəm] a. 중간의 n. 중간, 매체 | media [mí:diə] n. 대중매체 | intermediate [ìntərmí:diət] a. 중급의 |

| | immediate [imí:diət] a. 즉각적인 | immediately [imí:diətli] ad. 즉시 |

** adopt [ədápt] *v.* 채용[채택]하다, 입양하다

자신이 원하는 사람이나 필요한 것을 선택(opt)한다고 하여 생겨난 단어.

- They **adopted** a curriculum consisting of running, climbing, swimming and flying.

  그들은 육상, 등반, 수영, 비행으로 구성되어 있는 교과과정을 **채택했다**.

| opt [apt] *v.* 선택하다 | ▶ | option [ápʃən] *n.* 선택 | ▶ | optional [ápʃənl] *a.* 선택적인 |

| | ▶ | adopt [ədápt] *v.* 채용[채택]하다, 입양하다 | ▶ | adoption [ədápʃən] *n.* 채용[채택], 입양 | adopter [ədáptər] *n.* 입양인, 사용자 |

More Words

early adopter 얼리 어답터(새로운 기술을 가장 먼저 이용하는 사람 또는 기관)

** aptitude [ǽptətjùːd] *n.* 적성, 경향

'적합한'이라는 뜻의 apt와 성질을 의미하는 접미사 -itude가 합쳐져 적합한 성질인 '적성'을 뜻하게 된 단어.

- Students need to excel on their **aptitude** tests.

  학생들은 그들의 **적성** 검사에서 우수한 성적을 낼 필요가 있다.

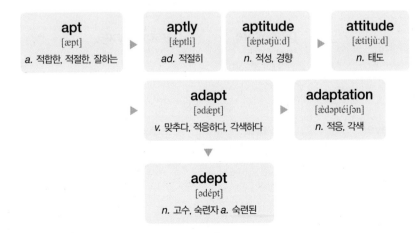

| apt [æpt] *a.* 적합한, 적절한, 잘하는 | ▶ | aptly [ǽptli] *ad.* 적절히 | aptitude [ǽptətjùːd] *n.* 적성, 경향 | ▶ | attitude [ǽtitjùːd] *n.* 태도 |

| | ▶ | adapt [ədǽpt] *v.* 맞추다, 적응하다, 각색하다 | ▶ | adaptation [ǽdəptéiʃən] *n.* 적응, 각색 |

adept [ədépt] *n.* 고수, 숙련자 *a.* 숙련된

** traditional [trədíʃənl] a. 전통적인

과거에 있던 것이 시대를 가로질러(tra) 현재까지 옮겨 놓아지는(dit) 데서 유래.

- Forget dull lessons and **traditional** methods of learning.
  지루한 수업과 **전통적인** 학습 방법은 잊어라.

| dit 놓다 | ▶ | tradition [trədíʃən] n. 전통 | ▶ | traditional [trədíʃənl] a. 전통적인 | ▶ | traditionally [trədíʃənəli] ad. 전통적으로 |

| | ▶ | edit [édit] v. 편집하다 | ▶ | edition [idíʃən] n. 판 | ▶ | editor [édətər] n. 편집자[장] | ▶ | editorial [èdətó:riəl] a. 사설 |

** severely [sivíərli] ad. 심하게, 호되게

severe는 친절함(vere)이나 봐주는 것 없이(se) 행동하는 데서 '심한'이라는 뜻과 상황 등
이 안 좋은 '심각한'이라는 뜻이 된 단어이다. 이 단어에서 부사 severly가 파생되었다.

- We had to be disciplined **severely**.
  우리는 **호되게** 훈련을 받아야만 했다.

| severe [sivíər] a. 심각한, 심한 | ▶ | severely [sivíərli] ad. 심하게, 호되게 | ▶ | severity [səvérəti] n. 혹독함, 엄격 |

| | ▶ | persevere [pə̀:rsəvíər] v. 인내하며 계속하다 | ▶ | perseverance [pə̀:rsəvíərəns] n. 인내 |

+혼동

| sever [sévər] v. 자르다 | ▶ | several [sévərəl] a. 몇몇의, 여럿의 | ▶ | severally [sévərəli] ad. 각각, 개별적으로 |

11

** intact [intǽkt] *a.* 손상되지 않은, 온전한

아무도 만지지(tact) 않아(in) 완전한 상태를 유지하는 데서 유래.

* The painting remained **intact** in the fire.
  불이 났지만 그 그림은 **손상되지 않았다.**

More Words

contact information 연락 정보[연락처]

◆혼동

tactic [tǽktik] *n.* 전략, 전술

12

** argument [ɑ́ːrgjumənt] *n.* 논쟁, 논의, 주장

'언쟁[주장]하다'를 뜻하는 동사 argue에서 명사로 파생된 단어.

* Having an **argument** with your parents is often considered disrespectful in strict families.
  엄격한 집안에서는 부모님과 **논쟁**하는 것을 종종 무례하다고 여긴다.

13

** rewarding [riwɔ́ːrdiŋ] *a.* 보람 있는, 가치 있는

스스로 보상(reward)을 받을 정도로 일에 대해 만족하는 데서 유래.

● I think it'll be a **rewarding** experience to do this job.

나는 이 일을 하는 것이 **가치 있는** 경험이 될 것이라고 생각한다.

award
[əwɔ́ːrd]
n. 수상, 수여
v. 수상[수여]하다

reward
[riwɔ́ːrd]
n. 보상
v. 보상하다

rewarding
[riwɔ́ːrdiŋ]
a. 보람 있는, 가치 있는

14

** afterward(s) [ǽftərwərd] *ad.* 그 후에, 나중에

'후에'를 의미하는 after와 '방향'을 의미하는 ward가 결합하여 생긴 단어.

● He lamented **afterward** that he had missed out on the most important opportunity of his life.

일생에서 가장 중요한 기회를 놓치고 그는 **나중에** 탄식했다.

ward
방향(~로)

afterward(s)
[ǽftərwərd]
ad. 그 후에, 나중에

toward
[tɔːrd]
ad. ~을 향하여,
~쪽으로

forward
[fɔ́ːrwərd]
ad. 앞으로, 전방의
v. 전송하다, 보내다

backward
[bǽkwərd]
ad. 뒤로

downward
[dáunwərd]
ad. 아래로
a. 하강하는

upward
[ʌ́pwərd]
ad. 위로 *a.* 위를 향한

inward(s)
[ínwərd]
ad. 안쪽으로

outward
[áutwərd]
ad. 바깥쪽으로

** hemisphere [hémisfiər] n. (지구의) 반구

'반'을 의미하는 hemi와 동그란 '구'를 의미하는 sphere가 합쳐져서 생긴 단어.

● **The Great Salt Lake is the largest salt lake in the Western Hemisphere.**

그레이트 솔트 호수는 서**반구**에서 가장 큰 염수호이다.

** unfit [ʌnfit] a. 부적합한

적합(fit)하지 않은(un) 데서 유래.

● **Robots are unfit for any conversation about family or friends.**

로봇들은 가족이나 친구들에 관해서 어떤 대화를 하기에도 **부적합하다**.

More Words

fitting room 탈의실
close-fitting a. 딱 맞는, 몸매가 드러나는
fitness club 헬스클럽

17

★★★ beneficial [bènəfíʃəl] *a.* 유익한, 이로운

benefit은 좋게(bene) 하다(fit)는 뜻을 통해 '장점, 이득'이라는 뜻이 되었고, beneficial
은 benefit의 형용사로 파생되어 이득이 있는 것을 표현하여 생긴 단어이다.

- **Repressing tears is not beneficial to our body.**
  눈물을 억제하는 것은 우리 몸에 **이롭지** 않다.

18

★★★ feature [fíːtʃər] *n.* 특징, 특색, 특집 *v.* 특징을 이루다, 특집으로 다루다

feat는 무언가를 해(fit)낸 '위업'을 의미하고, feature는 무언가를 이룰 수 있는 자신만의
'특징'을 의미한다.

- **The right to produce art freely is an essential feature of a free
  nation.** 자유롭게 예술 작품을 만들어낼 권리는 자유 국가의 본질적인 **특징**이다.

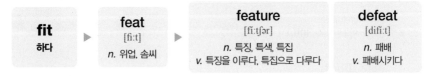

More Words

special feature 특집기사
be featured in ~에 출연하다

✚혼동

19

★★★ convince [kənvíns] *v.* 확신시키다, 설득하다

말로 상대방을 완전히(con) 정복(vince)시키는 데서 유래.

- Nothing can **convince** him that other people aren't ignoring him.

  어떠한 것도 다른 사람들이 그를 무시하고 있지 않다는 사실을 그에게 **확신시킬 수** 없다.

| vince(=vict) 정복하다 | ▶ | convince [kənvíns] *v.* 확신시키다, 설득하다 | ▶ | conviction [kənvíkʃən] *n.* 확신 |

| | ▶ | province [právins] *n.* 지방 | ▶ | provincial [prəvínʃəl] *a.* 지방의 |

20

★★★ impure [impjúər] *a.* 불순한, 불결한

'순수[순결]한'을 의미하는 pure의 반대(im) 의미로 생겨난 단어.

- They are steamed, boiled, and then washed many times to remove any **impure** materials.

  그것들은 어떠한 **불순**물이라도 제거하기 위해 찌고 삶은 후 여러 번 세척된다.

| pure [pjúər] *a.* 순수[순결]한, 맑은 | ▶ | purely [pjúərli] *ad.* 순수하게, 순전히 | purity [pjúərəti] *n.* 순수함, 순결 |

| | ▶ | purify [pjúərəfài] *v.* 정화하다 | ▶ | purification [pjùərəfikéiʃən] *n.* 정화 | purifier [pjúərəfàiər] *n.* 정화장치 |

| | ▶ | impure [impjúər] *a.* 불순한, 불결한 |

01

> ⭐ **scenery** [síːnəri] *n.* 경치, 풍경

scene에서 파생되어 밖에 보이는 '모습'을 표현하는 데서 유래.

- Mt. Halla has the most beautiful **scenery** in Korea.
  한라산은 한국에서 **경치**가 가장 아름다운 곳이다.

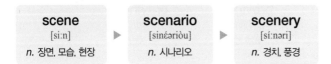

scene	scenario	scenery
[siːn]	[sinέəriòu]	[síːnəri]
n. 장면, 모습, 현장	*n.* 시나리오	*n.* 경치, 풍경

[More Words]
on the scene 현장에 있는

02

> ⭐ **humanity** [hjuːmǽnəti] *n.* 인간성, 인류

인간(human)이 지니고 있는 성질(ity)을 표현하는 데서 유래.

- The actor was praised for his **humanity**.
  그 배우는 **인간성**으로 칭찬받았다.

human
[hjúːmən]
a. 인간의 *n.* 인간

humanize
[hjúːmənàiz]
v. 인간답게 만들다

humanity
[hjuːmǽnəti]
n. 인간성, 인류

humanitarian
[hjuːmǽnitέəriən]
n. 인도주의자 *a.* 인도주의적인

[More Words]
human being *n.* 인간

03

★ **personality** [pə̀:rsənǽləti] *n.* 개성, 성격, 유명인

개인(person)마다 가지고 있는 성질을 의미하여 생겨난 단어.

- He emphasizes that trust is the most important factor in the child's developing **personality**.

  그는 신뢰가 아이의 **성격** 발달에 있어 가장 중요한 요소라고 강조한다.

person
[pə́:rsn]
n. 사람, 개인

personal
[pə́rsənl]
a. 개인적인, 개인의

personally
[pə́:rsənli]
ad. 개인적으로

personality
[pə̀:rsənǽləti]
n. 개성, 성격, 유명인

impersonal
[ìmpə́:rsənəl]
a. 인간미 없는

intrapersonal
[ìntrəpə́:rsənəl]
a. 자기 성찰의

[More Words]
in person 몸소, 직접

04

★ **artistic** [a:rtístik] *a.* 예술적인, 예술[미술]의

'예술가'를 뜻하는 artist에서 형용사로 파생된 단어.

- This picture on the wall is a work of great **artistic** value.

  벽에 붙어 있는 이 그림은 **예술적** 가치가 있는 작품이다.

art
[a:rt]
n. 예술, 미술, 기술

artist
[á:rtist]
n. 예술가, 미술가

artistic
[a:rtístik]
a. 예술적인, 예술[미술]의

artifact
[á:rtəfæ̀kt]
n. 인공물, 공예품

artificial
[à:rtəfíʃəl]
a. 인공적인

+혼동

article [á:rtikl] *n.* 기사, 제품

05

** aware [əwέər] *a.* 인식하는, 알고 있는(of)

한쪽(a)에 있는 것을 보고 주의(ware)하는 데서 유래된 단어이다. 현재 ware는 '주의하다'라는 뜻으로 쓰이지 않고 주의해야 하는 물건을 의미하여 '물품, 제품'이라는 뜻이 되었으며, beware가 그 뜻을 그대로 받아 '주의하다'로 사용된다.

- Recently, people have become well **aware** of environmental considerations when it comes to pollution.

  최근, 사람들은 환경오염에 관한 한 환경적인 고려사항을 잘 **알고** 있다.

06

** fasten [fǽsn] *v.* 묶다, 고정시키다

fast의 '고정된'이라는 뜻을 통해서 파생된 단어.

- He **fastened** a basketball hoop over the wastebasket.

  그는 휴지통 위에 농구 링을 **고정시켰다.**

* breakfast는 종교행사에서 단식을 깨고(break) 식사를 하는 데서 유래된 단어.

** replace [ripléis] v. 대체[교체]하다

기존에 있던 것을 다시(re) 다른 것으로 놓는(place) 데서 유래.

- Will factories **replace** most of their workers with robots in the future?

  미래에는 공장들이 대부분의 노동자를 로봇으로 **대체할까요**?

[More Words]
from place to place 이곳저곳으로
in the first place 애당초, 우선
in place 제자리에 있는
in place of ~을 대신해서
take the place of ~을 대신하다

** explore [iksplɔ́:r] v. 탐험[탐사]하다

밖(ex)으로 흐른다(plore)는 원래의 뜻을 통해 밖으로 찾으러 가는 '탐험하다'로 쓰이게 된 단어.

- Divers learn how to **explore** a shipwreck in a danger-free way.

  다이버들은 난파선을 위험하지 않은 방법으로 **탐사하는** 방법을 배운다.

** supreme [səprí:m] a. 최고의

'위, 이상, 초월'을 의미하는 super(=supre)에 최상급을 나타내는 me가 붙어서 생긴 단어.

● The *Mona Lisa* is a **supreme** work of art.
〈모나리자〉는 **최고의** 예술 작품이다.

super
(=supre)
위, 이상, 초월

▶ superior
[səpíəriər]
a. ~보다 우수한(to)

▶ supreme
[səprí:m]
a. 최고의

▶ supremely
[səprí:mli]
ad. 극도로, 지극히

[More Words]
the Supreme Court 최고 법원[대법원]

** extreme [ikstrí:m] a. 극단적인, 극도의 n. 극단, 극도

과거에 '밖'을 의미했던 extre와 최상급을 나타내는 me가 합쳐져 가장 밖인 '끝'을 가리킨 데서 유래.

● Their knowledge of the deadly effects of **extreme** altitude sickness was limited.
극도로 높은 고도로 인한 고산병의 치명적인 영향에 대한 그들의 지식은 제한적이었다.

extre
밖

▶ extreme
[ikstrí:m]
a. 극단적인, 극도의
n. 극단, 극도

▶ extremely
[ikstrí:mli]
ad. 극단적으로, 매우

▶ extra
[ékstrə]
a. 추가의, 가외의

11

> ** **feed** [fiːd] *v.* 먹이다, 먹을 것을 주다 *n.* 사료

'음식'을 의미하는 food에서 파생된 단어.

- They routinely **feed** or inject the animals with antibiotics.

  그들은 규칙적으로 동물들에게 항생제가 든 **먹이를 주거나** 항생물질을 주사한다.

food
[fuːd]
n. 음식

▶

feed
[fiːd]
v. 먹이다, 먹을 것을 주다
n. 사료

▶

feedback
[fiːdbæk]
n. 피드백

> **[More Words]**
>
> **feed on** ~을 먹고 살다
>
> **be fed up with** ~에 진저리가 나다
>
> **animal feed** 동물 사료

12

> ** **alarm** [əlάːrm] *n.* 경보(기), 놀람 *v.* 놀라게 하다

arms(무기)에서 파생된 단어로 적이 쳐들어 왔을 때 적을 향해(al) 무기를 들고 전투하라는 뜻에서 유래.

- I tried to explain that we did not want to **alarm** her.

  나는 우리가 그녀를 **놀라게 하고** 싶지 않았다는 것을 설명하려고 애썼다.

arm
[aːrm]
n. 팔, (*pl.*) 무기
v. 무장하다

▶

forearm
[fɔːrάːrm]
n. 팔뚝

army
[άːrmi]
n. 군대, 군

▶

alarm
[əlάːrm]
n. 경보(기), 놀람
v. 놀라게 하다

▶

alarming
[əlάːrmiŋ]
a. 놀라운

> **[More Words]**
>
> **fire alarm** 화재경보기

13

** harmonious [ha:rmóuniəs] *a.* 조화로운

'조화'를 의미하는 harmony에서 형용사로 파생된 단어.

- I've seen couples from different ethnic groups have **harmonious** relationships with each other.

  나는 다른 민족 출신의 커플이 서로 **조화로운** 관계를 가지는 것을 보아왔다.

| harmony
[há:rməni]
n. 조화 | ▶ | harmonious
[ha:rmóuniəs]
a. 조화로운 | harmonize
[há:rmənàiz]
v. 조화를 이루다 |

[More Words]

in harmony ~와 조화되어

14

** foundation [faundéiʃən] *n.* 설립, 협회, 재단

found(=fund)는 원래 '바닥'을 의미하던 단어에서 현재는 바닥에 세우는 '설립하다'라는 뜻이 된 단어이고, 이 단어의 명사가 foundation이다.

- From its very **foundation**, the corporation was very small.

  설립 초기에 그 회사는 매우 작았다.

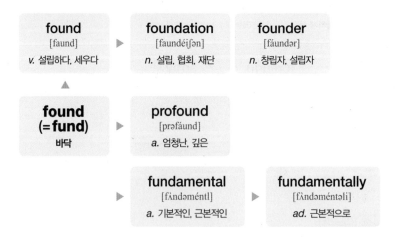

| found
[fáund]
v. 설립하다, 세우다 | ▶ | foundation
[faundéiʃən]
n. 설립, 협회, 재단 | founder
[fáundər]
n. 창립자, 설립자 |

| found
(=fund)
바닥 | ▶ | profound
[prəfáund]
a. 엄청난, 깊은 |

| | ▶ | fundamental
[fʌ̀ndəméntl]
a. 기본적인, 근본적인 | ▶ | fundamentally
[fʌ̀ndəméntəli]
ad. 근본적으로 |

15

** refund [rí:fʌnd] *n.* 환불 [rifʌ́nd, rí:fʌnd] *v.* 환불하다

다시(re) 돈 또는 자금(fund)을 돌려주는 데서 유래.

- I took the book back, and they **refunded** my money.

  나는 책을 반품했고 그들은 돈을 **환불해줬다**.

16

** depict [dipíkt] *v.* 그리다, 묘사하다

과거에 사용된 pict는 '그리다'라는 뜻이었고, 여기서 '그림'을 뜻하는 picture가 나오게 되었다. 현재는 depict가 '그리다, 묘사하다'라는 뜻으로 쓰이고 있다.

- The painting **depicts** French society in the 1830s.

  그 그림은 1830년대의 프랑스 사회를 **묘사하고 있다**.

17

*** anticipate [æntísəpèit] v. 예상하다, 기대하다

앞으로 일어날 일을 미리(anti) 생각 속에서 잡는(cip) 데서 유래.

- It's always best to **anticipate** a problem before it arises.
  문제가 발생하기 전에 그것을 **예상하는** 것은 항상 가장 중요하다.

| cip 잡다 | ▶ | anticipate [æntísəpèit] v. 예상하다, 기대하다 | ▶ | anticipation [æntìsəpéiʃən] n. 예상, 기대 | anticipated [æntísəpèitid] a. 기대하던 | ▶ | unanticipated [ʌnæntísəpèitid] a. 뜻밖의, 기대하지 않은 |

18

*** negotiate [nigóuʃièit] v. 협상하다

'여가, 휴식(oti)이 없는(neg)'이라는 원래의 뜻이 확장되어 현재는 결정을 내리기 위해 쉬지 않고 의논하는 '협상하다'라는 뜻이 된 단어.

- The government will **negotiate** with terrorists by the end of this week.
  정부는 이번 주 말쯤에 테러범들과 **협상을 할** 것이다.

19

*** **innocent** [ínəsənt] *a.* 무죄인, 순수한

남에게 해(noc)를 끼친 것이 하나도 없는(in) 데서 유래.

- They inhabited an **innocent** world where there wasn't very much news.

  그들은 뉴스거리가 그다지 많지 않았던 **순수한** 세계에 살았다.

noc 해 ▶ **innocence** [ínəsəns] *n.* 무죄 | **innocent** [ínəsənt] *a.* 무죄인, 순수한

nox ▶ **noxious** [nákʃəs] *a.* 유해한, 유독한

[More Words]
noxious gas 유해가스

20

*** **dehydrate** [diːháidreit] *v.* 탈수 상태가 되다, 건조시키다

물(hydro)을 없애(de)버리는 데서 유래.

- Some animals can **dehydrate** very quickly in weather like this.

  이런 날씨에는 어떤 동물들은 아주 빨리 **탈수 상태를 일으킬** 수 있다.

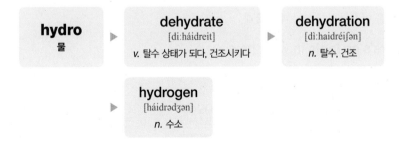

hydro 물 ▶ **dehydrate** [diːháidreit] *v.* 탈수 상태가 되다, 건조시키다 ▶ **dehydration** [diːhaidréiʃən] *n.* 탈수, 건조

hydrogen [háidrədʒən] *n.* 수소

01

> ⋆ **package** [pǽkidʒ] *n.* 소포, 상자, 상품 *v.* 포장하다

'짐을 싸다'라는 뜻을 지닌 pack에서 파생된 단어.

- We sent the **package** by motorcycle courier.
  우리는 그 **소포**를 오토바이 배달원을 통해 보냈다.

pack	**backpack**	**repack**	**unpack**
[pæk]	[bǽkpæk]	[ri:pǽk]	[ʌnpǽk]
v. 짐을 싸다, 채우다	*n.* 가방	*v.* 짐을 다시 싸다	*v.* 짐을 풀다

package
[pǽkidʒ]
n. 소포, 상자, 상품
v. 포장하다

[More Words]

pack up 꾸리다, 포장하다
pre-packaged *a.* 미리 포장된
heavily-packaged *a.* 과대 포장된

02

> ⋆ **logic** [lɑ́dʒik] *n.* 논리

말(log)을 이치에 맞게 하는 데서 유래.

- There's no **logic** in what he says.
  그가 하는 말에는 **논리**가 전혀 없다.

log 말	**logic** [lɑ́dʒik] *n.* 논리	**logical** [lɑ́dʒikəl] *a.* 논리적인	**logically** [lɑ́dʒikəli] *ad.* 논리적으로

illogical [ilɑ́dʒikəl] *a.* 비논리적인

03

⋆ **apology** [əpálədʒi] *n.* 사과, 변명

자신의 잘못이나 실수에서 벗어나려고(apo) 하는 말(log)에서 유래.

• He has made a sincere **apology** to everyone whom he cursed.

그는 자신이 욕했던 모든 사람에게 진실된 **사과**를 했다.

| log 말 | apology [əpálədʒi] *n.* 사과, 변명 | apologize [əpálədʒàiz] *v.* ~에게 사과하다(to), ~에 대하여 사과하다(for) | apologetic [əpàlədʒétik] *a.* 사과하는, 미안해하는 |

04

⋆ **donate** [dóuneit] *v.* 기부하다, 기증하다

'주다'를 뜻했던 don에서 파생되어 남에게 물건이나 돈으로 도움을 주는 데서 유래.

• Beneficent people often **donate** money to poor people.

인정 많은 사람들이 종종 가난한 사람들을 위해 **기부를 하곤** 한다.

| don 주다 | donate [dóuneit] *v.* 기부하다, 기증하다 | donator(= donor) [dóuneitər] *n.* 기부자 | donation [dounéiʃən] *n.* 기부, 기증 |

pardon
[pá:rdn]
n. 사면, 용서

[More Words]
donation box 모금함

** flexible [fléksəbl] a. 유연한, 융통성 있는

잘 구부러질(flex) 수 있는(ible) 데서 유래.

- The company went through a complex process to become a more **flexible** company.

  그 회사는 복잡한 과정을 거쳐 더욱 **유연한** 회사가 되었다.

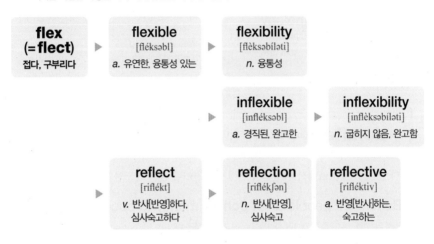

** portrait [pɔ́:rtrit] n. 초상(화)

'선을 앞(por)으로 끌다(tray)'는 의미가 확장되어 portray는 '그리다'라는 뜻이 되었고, 이렇게 그려진 것을 portrait이라고 한다.

- There were **portraits** of their ancestors on the walls of the room.

  방 벽에는 그들 조상들의 **초상화**가 걸려 있었다.

| **[More Words]**
| self-portrait n. 자화상

07

★★ trace [treis] *n.* 흔적, 소량 *v.* 추적하다, 찾아가다

'끌다'라는 tray에서 파생되어 끌어서 남겨진 '흔적'이라는 뜻으로 남게 된 단어.

- They found **traces** of human activity in the area.

  그들은 그 지역에서 사람이 활동한 **흔적**을 발견했다.

[More Words]

leave no trace 흔적을 남기지 않다

be traced back to ~로 거슬러 올라가다

08

★★ audience [ɔ́:diəns] *n.* 관중, 관객, 청중

라틴어로 '듣다'라는 뜻인 audi에서 파생되어 '듣는 사람들'을 지칭해서 생긴 단어. audi
는 자동차 회사 이름인 AUDI와 같은 단어이다.

- The movie drew more than 10 million **audience** members during
  the first three weeks.

  그 영화는 첫 3주간 천만 명 이상의 **관객**을 끌어들였다.

[More Words]

audience share 시청률

** recognize [rékəgnàiz] v. 인식하다, 인정하다

cogn는 알고 받아들이는 '인지하다'라는 뜻이었고, 이 단어에서 파생된 recognize는 다시 확실히 알게 되는 '인식하다'라는 뜻과 받아들이는 '인정하다'라는 뜻이 되었다.

- Our efforts came to be **recognized** nationwide by the end of 2003.
  2003년 말까지 우리의 노력은 전국적으로 **인정받기**에 이르렀다.

[More Words]
recognized as ~로 인정되는

** explain [ikspléin] v. 설명하다

plain의 '분명한'이라는 뜻에서 파생되어 밖(ex)으로 분명하게(plain) 말해주는 데서 유래.

- The scientist **explained** the phenomenon in light of a recent scientific discovery.
  그 과학자는 그 현상을 최근의 과학적 발견에 비추어서 **설명했다**.

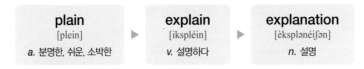

[More Words]
plain English 일반인이 쓰는 쉬운 영어 in plain English 쉽고 분명한 말로

◆혼동

11

** offensive [əfénsiv] *a.* 공격적인, 불쾌한

'공격'을 의미하는 offense에서 형용사로 파생된 단어.

- I know some people find it **offensive**, but I don't mind at all.
  몇몇 사람들은 그것을 **불쾌하게** 느낀다는 걸 알지만, 나는 전혀 신경 쓰지 않는다.

[More Words]
self-defense 자기방어

12

** dynasty [dáinəsti] *n.* 왕조

과거 '힘'을 의미했던 dyna에서 파생된 '힘이 있는 왕가'를 표현하여 생긴 단어.

- The Karamanli **dynasty** ruled over present-day Libya for more than a century.
  카라만리 **왕조**는 한 세기가 넘도록 오늘날 리비아를 통치했다.

** envelop [invéləp] v. 뒤덮다, 감싸다

envelop은 안(en)으로 접는(velop) 데서 유래되었고, develop은 접은 것의 반대로 펼쳐지는 데서 유래된 단어이다.

- The graveyard looked ghostly and was **enveloped** in mist.
  그 묘지는 귀신이 나올 것처럼 보였고 안개에 **뒤덮여 있었다**.

[More Words]
developing country 개발도상국
developed country 선진국

** marine [mərí:n] a. 바다의, 해양의 n. 해병대

marine은 '바다'를 의미했던 mar(= mer)에서 파생되었고, mermaid는 바다에 사는 소녀를 의미하여 '인어'를 뜻하게 되었다. 현재 maid는 소녀가 아닌 '하녀'라는 뜻으로 쓰이고 있다.

- I want to study **marine** biology in college.
  나는 대학에서 **해양** 생물학을 공부하고 싶다.

15

** biology [baiɑ́lədʒi] *n.* 생물학

살아(bio) 있는 것을 연구하는 학문(logy)에서 유래.

- The book deals with the reproductive **biology** of the fox.
  그 책은 여우의 번식 **생물학**을 다루고 있다.

bio
생

biology
[baiɑ́lədʒi]
n. 생물학

biological
[bàiəlɑ́dʒikəl]
a. 생물학적인

biologist
[baiɑ́lədʒist]
n. 생물학자

biogas
[báiougæs]
n. 생물 가스

bioengineer
[bàiouèndʒinír]
n. 생명공학자

bioengineering
[bàiouèndʒiníəriŋ]
n. 생명[생체]공학

antibiotic
[æntibaiɑ́tik]
n. 항생제

[More Words]
marine biologist 해양 생물학자

16

** navigate [nǽvəgèit] *v.* 항해하다, 길을 찾다

배(nav)를 몰아(ig)가는 데서 유래.

- Sailors have special tools to help them **navigate**.
  선원들은 **항해**를 돕기 위한 특수한 기구들을 가지고 있다.

nav
배

navigate
[nǽvəgèit]
v. 항해하다,
길을 찾다

navigator
[nǽvəgèitər]
n. 항해자

navigation
[nǽvəgèiʃən]
n. 항해, 항공술

navigational
[nǽvəgéiʃənl]
a. 항해의, 경로의

navy
[néivi]
n. 해군

17

★★★ **drought** [draut] *n.* 가뭄

'마르다'라는 뜻을 지닌 dry를 과거 독일에서는 droug로 썼고, 이 단어 뒤에 -ht가 붙어
명사로 쓰이게 되었다.

- The crops have been ruined by severe **drought** this year.
  올해는 심각한 **가뭄** 때문에 수확을 망쳤다.

[More Words]

dry up 말라 버리다, 시들다

dry season 건기

18

★★★ **dormant** [dɔ́:rmənt] *a.* 휴면기의, 활동을 중단한

'자다'라는 뜻을 지녔던 dorm에서 파생된 단어.

- The artist's talent for painting was **dormant** until his teacher
  discovered it.
  그 화가의 그림에 대한 재능은 그의 선생님이 발견해주기까지는 **잠재되어** 있었다.

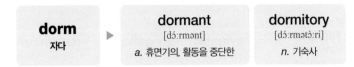

*** evaporation [ivæ̀pəréiʃən] *n.* 증발

증기(vapor)가 밖(e)으로 사라지는 데서 유래.

- **Evaporation** from the seawater is increasing rapidly.

  바닷물의 **증발**은 빠르게 증가하고 있다.

vapor [véipər] *n.* 증기	▶	**evaporate** [ivǽpərèit] *v.* 증발하다	▶	**evaporation** [ivæ̀pəréiʃən] *n.* 증발

| **[More Words]**
water vapor 수증기

*** gigantic [dʒaigǽntik] *a.* 거대한

과거에 gigant는 '거인'을 의미하던 단어였고 가운데의 g가 빠진 단어가 현대영어에서 '거인'을 의미하는 giant가 되었다. gigantic은 giant에서 형용사로 파생한 단어.

- Recently, a **gigantic** lion was caught in this town.

  최근, 이 동네에서 **거대한** 사자 한 마리가 잡혔다.

giant [dʒáiənt] *n.* 거인	▶	**gigantic** [dʒaigǽntik] *a.* 거대한

DAY **13**

01

★ **microscope** [máikrəskòup] *n.* 현미경

'작은'이라는 뜻을 지닌 micro와 관찰(하는 것)을 뜻하는 scope가 합쳐져서 생긴 단어.

● Dr. Smith is using his electron **microscope**.
스미스 박사는 그의 전자 **현미경**을 사용하고 있다.

02

★ **global** [glóubəl] *a.* 지구의, 세계적인

'지구'를 의미하는 globe에서 파생된 단어.

● **Global** warming has had a disastrous effect on the environment.
지구온난화는 환경에 치명적인 영향을 미쳤다.

[More Words]
global warming 지구온난화

134   01   02   03   04   05   06   07   08   09   10   11   12   **13**   14   15

03

★ **safety** [séifti] *n.* 안전(성)

'안전한'을 의미하는 safe에서 명사로 파생된 단어.

- Organic foods are better in quality and **safety** than conventional foods.

  유기농 식품이 보통 식품보다 품질과 **안전성** 면에서 더 우수하다.

[More Words]

Salvation Army 구세군

04

★ **limited** [límitid] *a.* 제한된, 한정된

'제한하다'를 의미하는 limit에서 파생된 단어.

- There was a very **limited** choice of food in the restaurant.

  그 식당에서는 음식의 선택이 매우 **제한되어** 있었다.

05

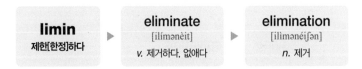

** **eliminate** [ilímənèit] *v.* 제거하다, 없애다

사람들이 사는 제한(limin = limit)된 공간에서 밖(e)으로 쫓아내는 데서 유래.

• This diet can **eliminate** toxins and stress from your body.
  이 다이어트는 체내의 독소와 스트레스를 **제거할** 수 있다.

limin
제한[한정]하다
▶
eliminate
[ilímənèit]
v. 제거하다, 없애다
▶
elimination
[ilìmənéiʃən]
n. 제거

06

** **reign** [rein] *v.* 통치하다, 군림하다 *n.* 통치 (기간)

reign은 '왕'을 의미했던 reg가 변형되어 파생된 단어이고, region은 왕이 다스리는 땅에서 유래된 단어이다.

• The king **reigned** over his kingdom for many decades.
  그 왕은 그의 왕국을 수세기 동안 **통치하였다**.

reg
왕
▶
region
[rí:dʒən]
n. 지역, 지방
▶
regional
[rí:dʒənl]
a. 지역의, 지방의

▶
reign
[rein]
v. 통치하다, 군림하다
n. 통치 (기간)
▶
sovereign
[sávərin]
a. 최고의, 주권을 갖는
▶
sovereignty
[sávərənti]
n. 주권, 통치권

◆혼동

foreign
[fɔ́:rən]
a. 외국의, 이질적인
▶
foreigner
[fɔ́:rənər]
n. 외국인

** regular [régjulər] *a.* 규칙[정기]적인, 정규의, 잦은

regule은 과거에 왕이 정한 '규칙'을 의미하는 단어였고, 이 단어가 줄어서 현대영어에서는 rule이 되었다.

- Hence, time spent on **regular** examinations is a sensible investment in good health.

  따라서 **정기** 검진을 받는 데에 들이는 시간은 건강을 위한 현명한 투자이다.

[More Words]

on a regular basis 규칙적으로

** regulate [régjulèit] *v.* 규제[조절]하다

정해진 규칙(regule)에 맞게 정해주는 데서 유래.

- The thermostat **regulates** the room's temperature.

  온도 조절 장치는 방의 온도를 **조절한다**.

[More Words]

rule ~ out ~을 제외하다
break the rule 규칙을 위반하다

** freeze [fri:z] v. 얼(리)다, 얼어붙다, 멈추다

'얼음이 되다'라는 뜻을 지녔던 fros에서 파생된 단어.

- **Pour the juice into small paper cups and <u>freeze</u>.**
  주스를 작은 종이컵에 붓고 **얼려라**.

[More Words]

frozen foods 냉동식품

** compile [kəmpáil] v. 편집하다, 모으다

더미(pile)들을 함께(com) 하나로 정리하는 데서 유래.

- **They will <u>compile</u> some figures for a documentary on the subject.**
  그들은 그 주제에 관한 다큐멘터리를 위해 몇 가지 수치를 **모을** 것이다.

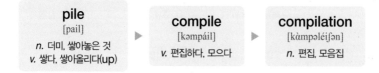

11

> ★★ **mortal** [mɔ́ːrtl]   *a.* 언제가 죽는, 극심한   *n.* 사람[인간]

'죽음'을 의미했던 mort에서 파생된 단어이고, 신과 반대로 언제가 죽는 '사람'을 표현하기도 한다.

- The soldier suffered a **mortal** wound in the battle and died on the battlefield.

  그 군인은 전쟁에서 **치명적인** 상처를 입었고, 전쟁터에서 사망했다.

12

> ★★ **immigrant** [ímigrənt]   *n.* 이주민, 이민자

안(im)으로 옮겨(migr) 오는 사람(ant)을 의미해서 생겨난 단어.

- **Immigrants** are importing agricultural goods from their homelands at record rates.

  이주민들은 기록적인 속도로 모국의 농산물을 수입해오고 있다.

[More Words]

migration route 이동 경로
immigration officer 출입국 관리관

★★ **desperate** [déspərət] *a.* 절망적인, 절박한, 필사적인

희망(sper)이 없어지는(de) 데서 유래.

• The film is about nothing but **desperate**, maniacal violence.
  그 영화는 오로지 **절망적**이고 광적인 폭력에 관한 것이다.

sper
희망

▶ **desperate**
[déspərət]
a. 절망적인, 절박한, 필사적인

▶ **desperately**
[déspərətli]
ad. 필사적으로, 몹시

▶ **desperation**
[dèspəréiʃən]
n. 절망

[More Words]
be desperate to 필사적으로 ~하다
in desperation 절망하여, 자포자기 속에서

★★ **prosper** [práspər] *v.* 번영하다

희망(sper)이 앞으로(pro) 넘쳐나는 데서 유래.

• The groups which encourage individual members to think creatively will **prosper**.
  개인 구성원들로 하여금 창조적으로 생각하도록 장려하는 집단은 **번영할** 것이다.

sper
희망

▶ **prosper**
[práspər]
v. 번영하다

▶ **prosperity**
[praspérəti]
n. 번영, 번성

prosperous
[práspərəs]
a. 번영한

15

** imprison [imprízn] v. 투옥하다, 가두다

죄 지은 사람을 감옥(prison) 안(im)에 넣는 데서 유래.

- The officials **imprisoned** the man for seven days.
  관리자들은 그 남자를 감옥에 7일 동안 **가두었다**.

[More Words]

be imprisoned 감금되다

16

** agreeable [əgríːəbl] a. 마음이 맞는, 유쾌한

언제든지 잘 동의하거나 합의(agree)를 할 수(able) 있는 데서 유래.

- Many parts of the book are not **agreeable** to the general sentiment of Americans.
  그 책은 미국인의 일반적인 정서에 **맞지** 않는 부분이 많다.

*** **privilege** [prívəlidʒ] *n.* 특권, 혜택 *v.* 특권[혜택]을 주다

개인(priv)에게만 특별히 법(lege)으로 허락하는 데서 유래.

- He expressed his gratitude for having the **privilege** of making the opening speech.

  그는 개회사를 할 **특권**을 얻은 것에 대해 감사를 표시했다.

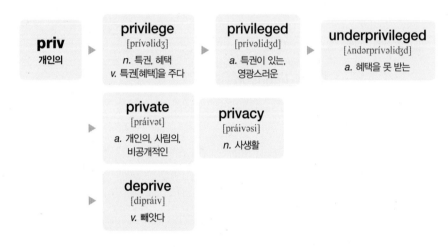

*** **sophisticated** [səfístəkèitid] *a.* 정교한, 복잡한

지혜(sophy) 있는 척하는 사람(ist)인 sophist(궤변가)에서 파생된 단어로 내용을 어렵게 꼬는 데서 유래.

- The computer graphics in the animation are very **sophisticated**.

  그 애니메이션의 컴퓨터 그래픽은 매우 **정교하다**.

★★★ **embarrass** [imbǽrəs] v. 당황[당혹]하게 하다

막대기(barr)로 안(em)을 막아 아무것도 못하게 만드는 데서 유래.

● Explain to her how it **embarrasses** you when she tells others your problems.

그녀가 당신의 문제들을 남들에게 말할 때 얼마나 그것이 당신을 **당황하게 하는지** 그녀에게 설명해라.

bar	embarrass	embarrassment
[ba:r]	[imbǽrəs]	[imbǽrəsmənt]
n. 막대기	v. 당황[당혹]하게 하다	n. 당황, 당혹

barrel	barrier
[bǽrəl]	[bǽriər]
n. 통, 배럴(양의 단위)	n. 장벽

[More Words]
color barrier 인종차별의 장벽

★★★ **spill** [spil] v. 쏟다[흘리다] n. 유출

'나누다, 쪼개다'라는 뜻을 지닌 split에서 나와 쪼개지며 밖으로 쏟아지는 데서 유래.

● Tom startled her and made her **spill** her milk on the floor.

톰이 그녀를 깜짝 놀라게 하는 바람에 그녀가 바닥에 우유를 **쏟았다**.

split	spill	spoil	unspoiled
[split]	[spil]	[spɔil]	[ʌnspɔ́ild]
v. 쪼개다, 나누다	v. 쏟다[흘리다]	v. 망치다, 버릇없이 키우다	a. 훼손되지 않은
n. 쪼개짐	n. 유출		

[More Words]
split second 순식간, 아주 짧은 순간
in a split second 눈 깜짝할 사이에

◆혼동

pill [pil] n. 알약

01

> ★ **harmful** [háːrmfəl] *a.* 해로운

'해로움'을 의미하는 harm에서 형용사로 파생된 단어.

- Exposure to the ultraviolet rays of sunlight can be **harmful** to your health.

  햇빛의 자외선에 대한 노출은 건강에 **해로울** 수도 있다.

harm
[haːrm]
n. 해로움, 유해함
v. 해를 끼치다

▶

harmful
[háːrmfəl]
a. 해로운

[More Words]
be harmful to ~에 해롭다

02

> ★ **section** [sékʃən] *n.* 부분, 구역, (신문의) 난

'자르다'라는 뜻을 지녔던 sect에서 파생되어 잘라진 한곳을 표현하여 생긴 단어.

- A number of giraffes can be found in the herbivores **section** of the zoo.

  동물원 내 초식동물 **구역**에 가면 많은 기린을 찾아볼 수 있다.

sect
자르다

▶

sector
[séktər]
n. 분야, 부분

section
[sékʃən]
n. 부분, 구역, (신문의) 난

▶

insect
[ínsekt]
n. 곤충, 벌레

intersection
[intərsékʃən]
n. 가로지름, 교차로

[More Words]
cross section 단면적, 횡단면

* **basis** [béisis] *n.* 기초, 기준, 근원

'바닥'을 의미하는 base에서 파생된 단어.

- Your past experiences give you the **basis** to judge whether your instincts can be trusted.

  당신의 과거 경험이 당신의 직감이 믿을 수 있는 것인지를 판단하는 **기초**를 제공한다.

base [beis] *n.* 바닥, 기초, 기반, 기지 *v.* 기반을 두다 ▶ **basement** [béismənt] *n.* 지하실

▶ **basic** [béisik] *a.* 기본적인 ▶ **basics** [béisiks] *n.* 원리, 기초[기본]적인 것 | **basically** [béisikəli] *ad.* 기본적으로

▶ **basis** [béisis] *n.* 기초, 기준, 근원

[More Words]
customer base 소비자 기반, 고객층　　**based on** ~에 기초한, 근거한
on a weekly[daily] basis 매주[매일]　　**on the basis of** ~에 근거하여

* **salary** [sǽləri] *n.* 월급, 급여

과거 '소금'을 뜻하던 sal에서 파생되었고, 소금을 사려고 군대에 입대해 받는 돈에서 유래.

- They worry about their **salary** and professional advancement.

  그들은 **급여**와 직장 내 승진에 대해 걱정을 한다.

sal 소금 ▶ **salt** [sɔːlt] *n.* 소금 ▶ **salted** [sɔ́ːltid] *a.* 소금에 절인

▶ **salary** [sǽləri] *n.* 월급, 급여　**salad** [sǽləd] *n.* 샐러드　**sausage** [sɔ́ːsidʒ] *n.* 소시지

05

** ashamed [əʃéimd] a. 수치스러운, 부끄러운

'수치심, 창피'를 의미하는 shame에서 파생된 단어로, ashamed는 shameful과 달리 서술형으로만 사용된다.

- I felt **ashamed** for not having visited my parents.
  부모님을 찾아뵙지 않았다는 것이 **부끄러웠다**.

06

** arrange [əréindʒ] v. 배열[정리] 하다, 마련하다

'범위'를 의미하는 range에서 파생되었으며 넘지 않는 범위(range)에서(ar) 순서대로 놓는 데서 유래.

- She will **arrange** for another flight for her friend.
  그녀는 친구를 위해서 다른 항공편을 **마련할** 것이다.

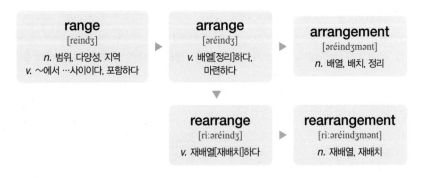

[More Words]
a wide range of 광범위한, 다양한

** feminine [fémənin] *a.* 여성의, 여성스러운

'여성, 암컷'을 의미하는 female에서 변형되어 파생된 단어.

- There is nothing **feminine** about Betty.
  베티는 **여성스러운** 구석이 없다.

** passage [pǽsidʒ] *n.* 통로, 구절, 악절

지나가고 통과하는 pass에서 파생되어 '통로'라는 뜻이 된 단어이고, 또 여러 길 중 통과하는 길이 정해진 것처럼 책의 내용이나 음악에서 필요하고 정해진 부분을 의미하여 '구절, 악절'이라는 뜻도 지니게 되었다.

- The washroom is on the right in the middle of the **passage**.
  세면장은 **통로** 중간에서 오른쪽에 있다.

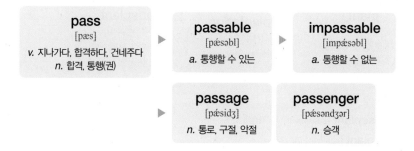

[More Words]
pass away 돌아가시다
passer-by *n.* 행인

09

** encompass [inkʌ́mpəs] v. 포함하다, 아우르다

compass는 주위를 함께(com) 지나가는(pass) 데서 원을 그리는 '컴퍼스'가 되었고, encompass는 원 안(en)에 넣는 '포함하다'라는 뜻이 되었다. surpass는 위(sur)로 넘어 간다(pass)고 하여 '능가하다'라는 뜻이 된 단어이다.

- The city **encompasses** most of the downtown area.

  그 도시는 대부분의 도심 지역을 **포함하고** 있다.

10

** transplant [trænsplǽnt] v. 이식하다, 옮겨 심다 n. 이식

한쪽에 있는 것을 다른 쪽으로(trans) 옮겨와 심는(plant) 데서 유래.

- She is worrying over her son's heart **transplant**.

  그녀는 아들의 심장 **이식** 수술에 대해 걱정하고 있다.

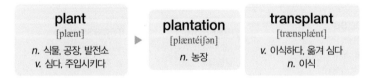

[More Words]

houseplant [háusplæ̀nt] n. 가정용 화초

eggplant [égplæ̀nt] n. 가지

solar power plant 태양열 발전소

11

** routine [ruːtíːn] *n.* 일상, 일과 *a.* 일상적인

'길, 노선'을 의미하는 route에서 파생되었으며 매일 반복적으로 가는 데서 유래.

● Make stretching your body a part of your daily **routine**.
  스트레칭 하는 것을 **일상**의 한 부분이 되도록 해라.

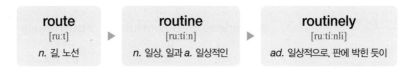

route	routine	routinely
[ruːt]	[ruːtíːn]	[ruːtíːnli]
n. 길, 노선	*n.* 일상, 일과 *a.* 일상적인	*ad.* 일상적으로, 판에 박힌 듯이

12

** overestimate [òuvəréstəmèit] *v.* 과대평가하다

기존보다 높게(over) 측정(estimate)을 하는 데서 유래된 단어.

● He **overestimated** his ability and believed he would be promoted next year.
  그는 자신의 능력을 **과대평가하며** 내년에 승진될 거라고 믿었다.

estim
평가하다

esteem
[istíːm]
v. 존중[존경]하다
n. 존경

estimate
[éstəmèit]
v. 추정[측정]하다
[éstəmət]
n. 통계, 추정

inestimable
[inéstəməbl]
a. 헤아릴 수 없는, 귀중한

overestimate
[òuvəréstəmèit]
v. 과대평가하다

underestimate
[ʌndəréstəmèit]
v. 과소평가하다

[More Words]
self-esteem *n.* 자존감
be esteemed for ~으로 높이 평가 받다

** empower [impáuər] v. 권한을 부여하다, ~할 수 있게 하다

다른 사람에게 힘(power)을 만들어(en) 주는 데서 유래.

- Our main focus this year is to **empower** the community.

  올해 우리의 주요 목적은 지역 주민들에게 **권한을 부여하는** 것이다.

| power [páuər] n. 힘, 권력, 재능, 전[동]력 v. 동력을 공급하다, 작동시키다 | powerless [páuərlis] a. 무기력한 | powerful [páuərfəl] a. 강력한 | powerfully [páuərfəli] ad. 강력하게 |

empower [impáuər] v. 권한을 부여하다, ~할 수 있게 하다 ▶ empowerment [impáuərmənt] n. 권한 (부여)

** poetry [póuitri] n. 시

poetry는 '시인'인 poet에서 파생된 단어로 집합적인 '시'를 의미하고, poem은 한 편의 '시'를 뜻한다.

- Greek **poetry** was meant to be read in private homes.

  그리스의 **시**는 가정집에서 읽히기 위한 것이었다.

| poet [póuit] n. 시인 | poem [póuəm] n. 시 | poetry [póuitri] n. 시 | poetic [pouétik] a. 시의, 시적인 | poetical [pouétikəl] a. 시로 쓰인 |

15

** reasonable [ríːzənəbl] *a.* 합리적인, 타당한

이유(reason)에 맞게 맞춰 줄 수 있는(able) 데서 유래.

- The rent has risen each time, but until now it was by a **reasonable** amount.
  임대료는 매번 올랐지만 지금까지는 항상 **합리적인** 금액까지였다.

reason
[ríːzn]
n. 이유, 근거
v. 결론을 내리다

▶

reasonable
[ríːzənəbl]
a. 합리적인, 타당한

▶

reasonably
[ríːzənəbli]
ad. 합리적으로, 상당히

unreasonable
[ʌnríːzənəbl]
a. 터무니없는, 불합리한

[More Words]
for this reason 이러한 이유로

16

** bond [band] *n.* 결속, 유대(감), 속박 *v.* 유대감을 형성하다

'묶다'는 뜻인 bind에서 파생되어 강하게 묶여진 것을 표현하는 데서 유래.

- Strong **bonds** make even a single dissent less likely.
  강한 **결속력**은 심지어 하나의 불찬성도 가능하지 않게 한다.

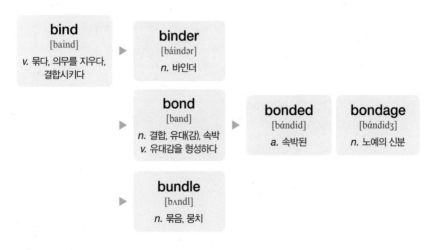

bind
[baind]
v. 묶다, 의무를 지우다,
결합시키다

▶

binder
[báindər]
n. 바인더

▶

bond
[band]
n. 결합, 유대(감), 속박
v. 유대감을 형성하다

▶

bonded
[bándid]
a. 속박된

bondage
[bándidʒ]
n. 노예의 신분

▶

bundle
[bʌndl]
n. 묶음, 뭉치

[More Words]
be bound to 반드시 ~하다, ~일 것이다   **social bond** 사회적 유대감

17

*** **undesirable** [ʌndizáiərəbl] *a.* 바람직하지 않은

바라는(desire) 대로 이루어지지(able) 않은(un) 것을 표현하여 생긴 단어.

- He might foster the rather **undesirable** impression of being an irresponsible consumer.

  그는 무책임한 소비자라는 다소 **바람직하지 않은** 인상을 조장할 수도 있다.

| **desire** [dizáiər] *v.* 바라다, 갈망하다 *n.* 바람, 욕구, 욕망 | ▶ | **desired** [dizáiərd] *a.* 바라는 | **desirable** [dizáiərəbl] *a.* 바람직한 | ▶ | **undesirable** [ʌndizáiərəbl] *a.* 바람직하지 않은 |

18

*** **alternative** [ɔːltə́ːrnətiv] *a.* 대안이 되는, 대체 가능한 *n.* 대안(이 되는 것), 선택

alter(바꾸다)에서 파생된 alternate는 바꿔서 나오는 '번갈아 일어나다'라는 뜻이 되었고, alternative는 필요할 때마다 번갈아 제공해줄 수 있는 것을 의미하여 '대안이 되는' 이라는 뜻이 되었다.

- He is trying to devise an **alternative** plan.

  그는 **대체 가능한** 계획을 고안해 내려고 노력 중이다.

| **alter** [ɔ́ːltər] *v.* 바꾸다, 변하다 | ▶ | **alternate** [ɔ́ːltərnèit] *v.* 번갈아 일어나다 [ɔ́ːltərnət] *a.* 번갈아 일어나는 | ▶ | **alternately** [ɔ́ːltərnətili] *ad.* 번갈아, 교대로 |

| | ▶ | **alternative** [ɔ́ːltəːrnətiv] *a.* 대안이 되는, 대체 가능한 *n.* 대안(이 되는 것), 선택 | | |

[More Words]
alternative energy 대체 에너지

19

★★★ **prejudice** [prédʒudis] *n.* 편견 *v.* 편견[편협]을 갖게 하다

다른 사람들을 미리(pre) 판단(jud)하는 데서 유래.

- He is often treated like an outcast by a kind of culturally **prejudiced** attitude.

  그는 일종의 문화적으로 **편협한** 태도에 의해 종종 따돌림 받는다.

[More Words]
judging from ~으로 미루어 보아, ~로부터 판단하건대

20

★★★ **anatomy** [ənǽtəmi] *n.* 해부(학)

anatomy는 사람의 몸을 위(ana)에서부터 자르는(tom) 데서 유래되었고, atom은 자를 (tom) 수 없는(a) 가장 작은 것을 의미해서 생겨났다.

- An understanding of human **anatomy** is very important for doctors. 인체 **해부학**의 이해는 의사에게 매우 중요하다.

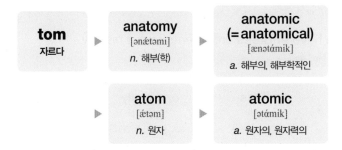

[More Words]
atomic bomb 원자 폭탄

01

> ★ **comfortable** [kʌ́mfərtəbl] *a.* 편안한

comfort는 강한 힘(fort)으로 함께(com) 지켜주는 데서 유래되었고, effort는 있는 힘 (fort)을 밖(ef)으로 전부 쏟아내는 데서 유래된 단어이다. 앞에서 배운 fortune과 혼동 될 수 있으니 유의하자!

• We need a more spacious and **comfortable** place to stay.
  우리는 좀 더 넓고 **편안한** 머물 곳이 필요하다.

02

> ★ **endless** [éndlis] *a.* 끝없는, 무한한

끝(end)이 없는(less) 데서 유래.

• They used to have **endless** arguments about history.
  그들은 과거에 역사에 관한 **끝없는** 논쟁을 했었다.

end [end] *n.* 끝 *v.* 끝나다	▶	endless [éndlis] *a.* 끝없는, 무한한	▶	endlessly [éndlisli] *ad.* 끝없이, 영원히

[More Words]
end up 결국 ~이 되다   **in the end** 결국에, 마침내   **at the end of** ~의 말에, 끝에

03

> ★ **enrich** [inrítʃ] *v.* 풍요롭게[부유하게] 하다

부유(rich)하게 만들다(en)는 뜻에서 유래.

- My life was greatly **enriched** by knowing them.
  그들을 앎으로써 나의 삶은 매우 **풍요로워졌다**.

rich
[ritʃ]
a. 부유한, 풍부한
n. (the) 부자

▶ **richness**
[rítʃnis]
n. 풍부함

richly
[rítʃli]
ad. 풍부하게, 화려하게

▶ **enrich**
[inrítʃ]
v. 풍요롭게[부유하게] 하다

[More Words]
be rich in ~이 풍부하다

04

> ★ **congratulate** [kəngrǽtʃulèit] *v.* 축하하다

congratulate는 함께(con) 기뻐해(grat) 주는 데서 유래된 단어이고, gratitude는 기쁨을 줘서 고마움을 느끼는 '감사'를 뜻한다.

- I'd like to **congratulate** you on finishing your thesis.
  너의 논문을 마친 것을 **축하해주**고 싶다.

grat
기쁨

▶ **gratitude**
[grǽtətjùːd]
n. 감사(하는 마음)

grateful
[gréitfəl]
a. 감사하는

▶ **congratulate**
[kəngrǽtʃulèit]
v. 축하하다

▶ **congratulation**
[kəngrǽtʃuléiʃən]
n. 축하

[More Words]
be grateful for ~에 감사해하다
congratulations on ~을 축하합니다

** surface [sə́:rfis] *n.* 표면

위(sur)에서 보이는 면(face)을 표현하여 생긴 단어.

• A smooth, dry **surface** helps the tiles adhere to the wall.

매끄럽고 마른 **표면**은 타일들이 벽에 들러붙을 수 있게 도와준다.

face
[feis]
n. 얼굴, 면
v. 향하다, 직면하다

▶ **facial**
[féiʃəl]
a. 얼굴의, 표정의

▶ **surface**
[sə́:rfis]
n. 표면

[More Words]

to one's face 면전에서

face to face 얼굴을 맞대고

face off against ~에 맞서 대항하다

facial expression 얼굴 표정

facial feature 얼굴의 특징[모양]

ocean surface 해수면

on the surface 표면적으로, 외견상으로

** invade [invéid] *v.* 침입[침략]하다

안(in)으로 공격해 가는(vade = vase) 데서 유래.

• When did the Japanese **invade** Korea?

일본이 언제 한국을 **침략**했나요?

vade
가다

▶ **invade**
[invéid]
v. 침입[침략]하다

▶ **invader**
[invéidər]
n. 침략자

invasion
[invéiʒən]
n. 침입, 침략

** reside [rizáid] v. 거주하다, 있다[존재하다]

reside는 끝까지 뒤(re)에 앉아(side = sit) 머무르는 것을 의미하고, preside는 앞(pre)에 앉아(side) 이끄는 데서 유래된 단어.

- If she **resides** in this area, she may get it free of charge.
  이 지역에 **거주하**고 있다면 그녀는 그것을 무료로 얻을 수 있다.

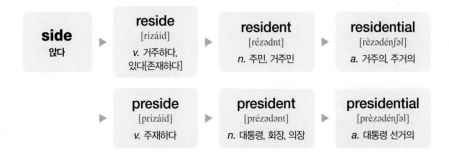

side
앉다

▶ **reside**
[rizáid]
v. 거주하다,
있다[존재하다]

▶ **resident**
[rézədnt]
n. 주민, 거주민

▶ **residential**
[rèzədénʃəl]
a. 거주의, 주거의

▶ **preside**
[prizáid]
v. 주재하다

▶ **president**
[prézədənt]
n. 대통령, 회장, 의장

▶ **presidential**
[prèzədénʃəl]
a. 대통령 선거의

** claim [kleim] v. 주장하다 n. 주장, 권리, 청구

원뜻이었던 '외치다'를 통해 현재는 자신의 정당성을 외치는 '주장하다'라는 뜻이 된 단어.

- Both men **claimed** ownership of the sports car.
  두 남자 모두 그 스포츠카의 소유권을 **주장했다**.

claim
외치다

▶ **claim**
[kleim]
v. 주장하다
n. 주장, 권리, 청구

▶ **acclaim**
[əkléim]
v. 칭찬하다

exclaim
[ikskléim]
v. 소리치다, 외치다

reclaim
[rikléim]
v. 되찾다

| [More Words]
insurance claim 보험금 청구

** **trial** [tráiəl] *n.* 재판, 시험, 시련

'시도하다'라는 뜻의 try에서 파생되어 법정에서 여러 가지 실험적인 증거를 내놓는 데서 유래.

● The prisoner remained quiet throughout his **trial**.
죄수는 **재판**이 진행되는 동안 내내 아무 말도 하지 않았다.

try
[trai]
v. 시도하다
n. 시도

▶

trial
[tráiəl]
n. 재판, 시험, 시련

[More Words]
try on 입어보다
on trial 재판 중인
trial and error 시행착오
free trial 사용무료

＊혼동
try to V ~하려고 애쓰다
try V -ing ~을 시험적으로 해보다

** **caution** [kɔ́:ʃən] *n.* 주의(사항), 경고

과거 '주의하다'라는 뜻이 있던 caut에서 파생된 단어.

● You must take great **caution** when using this machine.
이 기계를 사용할 때는 매우 **주의**해야 한다.

caut
주의하다

▶

caution
[kɔ́:ʃən]
n. 주의(사항), 경고

▶

cautious
[kɔ́:ʃəs]
a. 주의 깊은, 신중한

▶

incautious
[inkɔ́:ʃəs]
a. 조심성 없는, 경솔한

▶

precaution
[prikɔ́:ʃən]
n. 예방책, 예방조치

11

** entrance [éntrəns] *n.* 입구, 입장

'들어가다'라는 뜻을 지닌 enter에서 파생된 단어.

- **We will meet them at the main entrance.**
  우리는 그들을 중앙 **입구**에서 만나기로 했다.

enter [éntər] *v.* 들어가다 ▶ **entry** [éntri] *n.* 참가, 입구 ▶ **entree** [á:ntrei] *n.* 주요 요리

▶ **entrance** [éntrəns] *n.* 입구, 입장

[More Words]
enter into ~을 시작하다
entrance fee 입장료

12

** civilization [sìvəlizéiʃən] *n.* 문명

시민(civil)처럼 살 수 있게 만든다(ize)는 뜻에서 유래.

- **He studied the ancient Greek and Roman civilizations in school.**
  그는 학교에서 고대 그리스와 로마 **문명**에 대해 공부했다.

civil [sívəl] *a.* 시민의 ▶ **civilize** [sívəlàiz] *v.* 문명화하다 ▶ **civilization** [sìvəlizéiʃən] *n.* 문명

[More Words]
civil right 시민권
civil war 내전
the American Civil War 남북전쟁

13

** respond [rispánd] v. 대답하다, 반응하다

'약속하다'라는 뜻을 지녔던 spond(=sponse)에서 파생되어 세례를 할 때 목사의 말을 되받아(re) 약속(spond)을 선언하는 데서 유래.

* Shall we **respond** now or later?
  지금 **대답할까요**, 아니면 나중에 할까요?

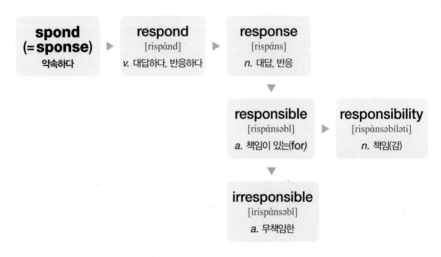

[More Words]

in response to ~에 답[응]하여

14

** correspond [kɔ̀:rəspánd] v. 일치하다, 연락하다(with), ~에 상응하다(to)

서로 함께(cor) 대답(respond)을 하는 데서 유래.

* Her husband's actions do not **correspond** with his words.
  그녀의 남편은 말과 행동이 **일치하지** 않는다.

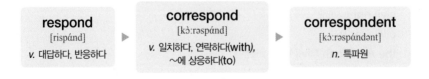

15

** sprinkle [sprínkl] *v.* 뿌리다

spring의 동사로서의 뜻인 '튀다'에서 파생된 단어로 튀어서 떨어지는 데서 유래.

● **Sprinkle** sugar on the cake before serving.
제공하기 전에 케이크에 설탕을 **뿌리세요**

[More Words]
spring water 샘물

16

** strengthen [stréŋkθən] *v.* 강화하다, 단련하다

힘(strength)이 있게 만든다(en)는 뜻에서 유래된 단어.

● These exercises will **strengthen** your leg and arm muscles.
이 운동들은 너의 팔다리 근육을 **단련시킬** 것이다.

17

★★★ **protrude** [proutrú:d] *v.* 돌출하다, 튀어나오다(from)

'밀다'라는 뜻을 지녔던 trude(=truse)에서 파생되어 앞으로 밀고 나오는 데서 유래

- His handkerchief **protruded** from his shirt pocket.
  손수건이 그의 셔츠에서 **튀어나왔다**.

18

★★★ **threat** [θret] *n.* 위협, 협박

trude가 현대영어에서 thrust가 되었고, threat은 밀고 찌르면서 겁을 주는 데서 유래되었다.

- The Syrian government elevated the security **threat** level to red.
  시리아 정부는 안보 **위협** 수준을 '레드 코드'로 상향 조정했다.

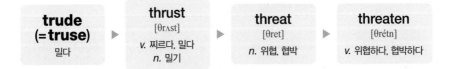

*** **qualification** [kwὰləfikéiʃən] *n.* 자격, 자질, 조건

'자격을 얻다[주다]'라는 뜻을 지닌 qualify에서 명사로 파생된 단어.

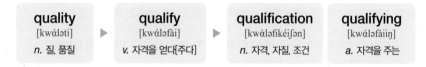

- **What qualifications does the advertised position require?**
  광고에 난 그 직책이 요구하는 **자격**은 무엇입니까?

quality
[kwáləti]
n. 질, 품질

▶

qualify
[kwáləfài]
v. 자격을 얻다[주다]

▶

qualification
[kwὰləfikéiʃən]
n. 자격, 자질, 조건

qualifying
[kwáləfàiiŋ]
a. 자격을 주는

[More Words]
in quality 질적으로
qualifying round 예선 경기

◆혼동

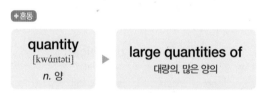

quantity
[kwántəti]
n. 양

▶

large quantities of
대량의, 많은 양의

*** **condense** [kəndéns] *v.* 응축[압축]하다

함께(con) 꽉 밀집(dense)시키는 데서 유래.

- **This cool air makes the vapor condense into a cloud.**
  수증기는 이 찬 공기에 의해 구름으로 **응축된다**.

dense
[dens]
a. 밀집한, 조밀한

▶

density
[dénsəti]
n. 밀도, 농도

densely
[dénsli]
ad. 밀집하여, 빽빽이

▶

condense
[kəndéns]
v. 응축[압축]하다

▶

condensation
[kὰndenséiʃən]
n. 응축, 압축

01

> ★ **ethnic** [éθnik] *a.* 민족[인종]의, 민족 전통적인

과거 '인종'을 의미했던 ethn에서 파생되어 형용사로 쓰이게 된 단어.

- There is no race that is superior to any other **ethnic** group.
  어떠한 **인종** 집단보다 우등하다고 볼 수 있는 인종이란 없다.

| **ethn**
인종 | ▶ | **ethnic**
[éθnik]
a. 민족[인종]의, 민족 전통적인 | ▶ | **ethnically**
[éθnikəli]
ad. 민족[인종]적으로 | **multiethnic**
[mʌltiéθnik]
a. 다민족의 |

+혼동

| **ethic**
[éθik]
n. (pl.) 윤리 | ▶ | **ethical**
[éθikəl]
a. 윤리적인 | ▶ | **ethically**
[éθikəli]
ad. 윤리적으로 | **unethical**
[ʌnéθikəl]
a. 비윤리적인 |

02

> ★ **moral** [mɔ́ːrəl] *a.* 도덕적인

'풍습, 관습'을 의미하는 mores에서 파생되었으며 관습 등을 스스로 지켜나가는 데서 유래.

- Every parent wants to raise a child with a strong **moral** character.
  모든 부모들은 자녀를 **도덕적인** 성품을 잘 갖춘 아이로 키우기를 원한다.

| **mores**
[mɔ́ːreiz]
n. 풍습, 관습 | ▶ | **moral**
[mɔ́ːrəl]
a. 도덕적인 | ▶ | **morally**
[mɔ́ːrəli]
ad. 도덕적으로 | **morality**
[mərǽləti]
n. 도덕성 | **morale**
[mərǽl]
n. 사기 |

| | ▶ | **immoral**
[imɔ́ːrəl]
a. 부도덕한 | ▶ | **immorality**
[ìmərǽləti]
n. 부도덕(성) |

03

★ **friendly** [fréndli] *a.* 우호적인, 다정한

친구(friend)처럼 친하게 지내는 데서 유래.

● They are not very **friendly** to him.

　그들은 그에게 그리 **다정하게** 대하지 않는다.

friend	friendly	unfriendly
[frend]	[fréndli]	[ʌnfréndli]
n. 친구	*a.* 우호적인, 다정한	*a.* 불친절한, 쌀쌀맞은

04

★ **continue** [kəntínju:] *v.* 계속하다[되다]

continue는 떨어지지 않고 계속 함께(con) 잡고(tin) 있는 데서 유래되었고, continent 는 여러 나라가 함께 잡아서 뭉쳐져 있는 것을 표현하여 생긴 단어이다.

● The president's new term will start in March and **continue** until 2016.

　대통령의 새 임기는 3월에 시작하여 2016년까지 **계속될** 것이다.

continue	continuity	continuous	continuously
[kəntínju:]	[kàntənjú:əti]	[kəntínjuəs]	[kəntínjuəsli]
v. 계속하다[되다]	*n.* 연속성	*a.* 연속[계속]적인, 끊임없는	*ad.* 계속해서, 끊임없이

tin	continent	continental
잡다	[kántənənt]	[kàntənéntl]
	n. 대륙	*a.* 대륙의

** crew [kru:] *n.* 승무원, 무리

'자라다'라는 뜻을 지닌 grow에서 파생되었으며 자라서 하나의 덩어리를 이루는 데서 유래.

• The ship carries a **crew** of five.
그 배에는 5명의 **승무원**이 탑승한다.

grow
[grou]
v. 자라다, 커지다,
재배하다, ~하게 되다

growth
[grouθ]
n. 성장

outgrow
[àutgróu]
v. 너무 커서 맞지 않다

crew
[kru:]
n. 승무원, 무리

recruit
[rikrú:t]
v. 모집하다, 선발하다
n. 신병

[More Words]
grow up 성장하다, 자라다

** decent [dí:snt] *a.* 괜찮은, 예의바른

decent는 '적절하다'라는 뜻을 지녔던 dec에서 파생되어 사람이나 사물에 적절하게 적용되는 것을 표현한 단어이고, decorate는 괜찮게 꾸미는 것을 의미하여 '장식하다'라는 뜻이 되었다.

• She strikes me as a **decent** woman.
그녀는 내게 **예의바른** 여자라는 생각이 들게 한다.

dec
적절하다

decent
[dí:snt]
a. 괜찮은, 예의바른

decorate
[dékərèit]
v. 장식하다

decoration
[dèkəréiʃən]
n. 장식(품)

decorative
[dékərətiv]
a. 장식적인

** cite [sait] v. 인용하다

원뜻인 '부르다'라는 뜻에서 확장되어 현재는 어떠한 내용을 불러와 사용한다고 하여 '인용하다'라는 뜻이 된 단어.

• She **cited** three reasons why people go into debt.

그녀는 왜 사람들이 빚을 지는지 세 가지 이유를 **인용했다**.

** excitement [iksáitmənt] n. 흥분, 신남

즐거워 밖(ex)을 향해 큰 소리로 불러(cite) 외치는 데서 유래.

• They cried out in **excitement**.

그들은 **흥분**하여 소리를 질렀다.

** expedition [èkspədíʃən] *n.* 원정, 탐험(대)

자신의 발(ped = foot)로 직접 밖으로 나가 새로운 것을 찾는 데서 유래.

* He died while he was on an **expedition** to the Arctic.

  그는 북극 **탐험**을 하는 도중에 사망했다.

** bitterly [bítərli] *ad.* 격렬하게, 비통하게, 몹시

bitter는 '물다'라는 뜻의 bite에서 파생되었으며 날카롭게 물거나 물린 것을 표현하는 데서 유래된 것이고, bitterly는 그 부사 형태이다.

* She **bitterly** resented her stepmother.

  그녀는 새어머니에 대해 **몹시** 분개했다.

> **[More Words]**
> **bite off** ~을 물어뜯다[끊다]
> **insect bite** 벌레 물림
> **have a bite** 한 입 베어 물다
> **bite-sized** 한 입 크기의
> **a bit (of)** 약간(의)

** equality [ikwάləti] *n.* 평등

'같은, 평등한'을 뜻하는 equal에서 명사로 파생된 단어.

- She cried out for sexual **equality** in front of City Hall.

  그녀는 시청 앞에서 남녀**평등**을 외쳤다.

equal
[íːkwəl]
a. 같은, 평[동]등한
v. 같다

▶ **equally**
[íːkwəli]
ad. 동일하게, 똑같이

equality
[ikwάləti]
n. 평등

▶ **inequality**
[ìnikwάləti]
n. 불평등

▶ **unequal**
[ʌníːkwəl]
a. 불평등한

** adequate [ǽdikwət] *a.* 충분한, 적당한

equ는 equal를 줄인 것이고, adequate은 한쪽(ad)으로 동등하게(equ) 채워주는 데서 유래된 단어이다.

- It's not by any means a brilliant salary but it's **adequate** for our needs.

  어찌 봐도 놀랄 만한 급여는 아니지만 우리의 요구에는 **충분한** 액수이다.

equ
같은, 평[동]등한

▶ **adequate**
[ǽdikwət]
a. 충분한, 적당한

equivalent
[ikwívələnt]
a. 동등한 *n.* 동등[상당]한 것

▶ **equate**
[ikwéit]
v. 동일시하다

▶ **equation**
[ikwéiʒən]
n. 방정식

equator
[ikwéitər]
n. 적도

13

** refuge [réfju:dʒ] *n.* 피난(처), 보호

뒤(re)로 달아나는(fuge) 데서 유래.

- ### We were seeking **refuge** in another country.
  우리는 다른 나라에서 **피난처**를 찾고 있었다.

| fuge 달아나다 | refuge [réfju:dʒ] *n.* 피난(처), 보호 | refugee [rèfjudʒíː] *n.* 난민, 망명자 |

fugitive [fjúːdʒətiv] *n.* 도망자

14

** blindly [bláindli] *ad.* 맹목적으로, 무턱대고

아무것도 보지 못하고(blind) 행동하는 데서 유래.

- ### We just **blindly** followed his orders.
  우리는 그냥 **맹목적으로** 그의 명령을 따랐다.

| blind [blaind] *a.* 눈이 먼, 맹인의 *n.* (the) 장님들 | blindly [bláindli] *ad.* 맹목적으로, 무턱대고 |

blindfold [bláindfòuld] *n.* 눈가리개 ▶ blindfolded [bláindfòuldid] *a.* 눈가리개를 한

[More Words]
night blindness 야맹증 **color blindness** 색맹 **blind side** 사각지대

◆혼동

| blend [blend] *n.* 혼합 *v.* 혼합하다 | blender [bléndər] *n.* 믹서 |

** cultural [kʌltʃərəl] a. 문화적인, 문화의

culture는 cult(경작하다)에서 파생되어 나라나 민족마다 키우고 만들어온 '문화'를 뜻하게 되었고, cultural은 culture의 형용사로 파생된 단어이다.

- The public knew nothing about the **cultural** background of the Chinese sculptor.

  대중은 그 중국 조각가의 **문화적** 배경에 대해서 아무것도 몰랐다.

** agricultural [æ̀grikʌltʃərəl] a. 농업[농지]의

agriculture는 땅(agri)을 경작(cult)하는 '농업'을 의미하게 되었고, agricultural은 이 단어에서 형용사로 파생되었다.

- The world's supply of **agricultural** land is shrinking fast.

  세계의 **농지** 공급은 빠르게 줄어들고 있다.

★★★ **assess** [əsés] *v.* 평가하다, 부과하다(on, upon)

개인에게(as) 세금이나 벌금 등을 놓는다(sess)는 데서 '부과하다'라는 뜻이 되었고, 어느 정도를 부과해야 하는지 잰다고 하여 '평가하다'라는 뜻도 지니게 된 단어.

• Corporate representatives have an annual meeting with students to **assess** their progress.

회사의 대표들은 진행 과정을 **평가하기** 위해 학생들과 연례 회의를 갖는다.

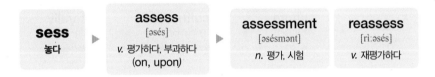

★★★ **obsessive** [əbsésiv] *a.* 집착하는, 강박적인

session은 회의나 활동에 놓여(sess) 있는 '기간, 시간'을 의미하고, obsess는 사람의 마음에 떨어지지 않고 저항(ob)하며 놓여(sess) 있는 것을 의미하여 '집착하게 하다, 강박감을 갖다'라는 뜻이 되었다. obsessive는 obsess의 형용사형이다.

• Angela is **obsessive** about cleanliness.

안젤라는 청결에 **집착한다**.

| **[More Words]** |
| Q-and-A session 질의응답 시간 |
| be obsessed with ~에 집착하다 |

19

★★★ frustrate [frʌ́streit] v. 좌절시키다

'사기'를 뜻하는 fraud에서 파생되었으며 '사기를 쳐서 좌절하게 만든다'는 뜻에서 유래된 단어.

- What **frustrates** us the most is that there's too little money to spend.

  우리를 가장 **좌절시킨** 것은 쓸 돈이 너무 적다는 것이다.

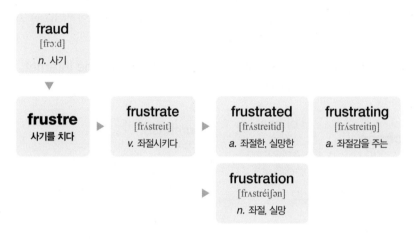

20

★★★ cruel [krú:əl] a. 잔인한

crude(천연 그대로의)에서 파생되어 동물처럼 천연 그대로 난폭한 행위를 한다는 의미에서 생겨난 단어.

- Laws prohibit the use of **cruel** and unusual punishment.

  법률은 **잔인하고** 특이한 형벌의 사용을 금하고 있다.

[More Words]
crude oil 원유

01

> ⭐ **purchase** [pə́ːrtʃəs] *v.* 구매하다 *n.* 구매, 구입

chase의 원뜻은 '잡다'였고 이 뜻이 확장되어 현재는 무언가를 잡으려고 하는 '추격하다, 쫓다'를 의미하게 되었다. 그래서 purchase도 앞(pur)에 있는 것을 잡아서(chase) 소유하는 '구매하다'라는 뜻이 된 것이다.

- These days, it is easy to **purchase** items through the Internet.
  요즘은 인터넷으로 물건을 **구매하는** 게 쉬운 일이다.

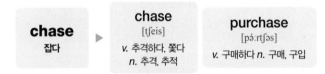

[More Words]
chase away[off] 쫓아내다

02

> ⭐ **nearby** [nìərbái] *a.* 인근[근처]의 *ad.* 인근[근처]에

'가까운, 가까이'를 의미하는 near와 '옆'을 뜻하는 by가 결합하여 생긴 단어.

- Her mother and friends escaped from a **nearby** town.
  그녀의 어머니와 친구들이 **인근** 마을에서 탈출했다.

03

> ★ **foolish** [fúːliʃ] *a.* 어리석은

'바보'를 의미하는 fool에서 파생된 단어.

● It is **foolish** of you to generalize from a single example.
한 가지 사례로 일반화하다니 너는 **어리석구나**.

fool	**foolish**	**foolishly**	**foolishness**
[fuːl]	[fúːliʃ]	[fúːliʃli]	[fúːliʃnis]
n. 바보 *v.* 속이다	*a.* 어리석은	*ad.* 어리석게	*n.* 어리석음

[More Words]
fool around (할 일을 안 하고) 노닥거리다 　 **April Fool's day** 만우절

04

> ★ **bleed** [bliːd] *v.* 피가 나다, 출혈하다

'피'를 의미하는 blood에서 파생되어 동사로 사용된 단어.

● He was **bleeding** from the face and hands.
그는 손과 얼굴에서 **피를 흘리고** 있었다.

blood	**bloody**
[blʌd]	[blʌ́di]
n. 피, 혈액	*a.* 유혈이 낭자한

bleed	**bleeding**	**nosebleed**
[bliːd]	[blíːdiŋ]	[nóuzbliːd]
v. 피가 나다, 출혈하다	*n.* 출혈	*n.* 코피

[More Words]

donate blood 헌혈하다	**blood donation** 헌혈
blood sugar level 혈당치	**blood type** 혈액형

◆혼동

breed	**crossbreed**
[briːd]	[krɔ́ːsbrìːd]
n. 품종, 유형 *v.* 새끼를 낳다, 번식[사육]하다	*v.* 이종 교배하다

** potential [pəténʃəl] *n.* 잠재력, 가능성 *a.* 잠재력[가능성] 이 있는

힘(pot)이 있기에 앞으로 무언가를 발휘할 수 있는 데서 유래.

- The handball team's future is bright because all the players have so much **potential**.

  모든 선수들이 엄청난 **가능성**을 가지고 있기에 그 핸드볼 팀의 미래는 밝다.

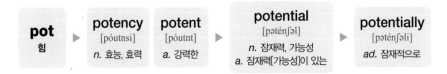

| pot 힘 | ▶ | potency [póutnsi] *n.* 효능, 효력 | potent [póutnt] *a.* 강력한 | ▶ | potential [pəténʃəl] *n.* 잠재력, 가능성 *a.* 잠재력[가능성]이 있는 | ▶ | potentially [pəténʃəli] *ad.* 잠재적으로 |

** poisonous [pɔ́izənəs] *a.* 독이 있는, 유독한

'독'을 의미하는 poison에서 유래.

- He thinks that the leaves of the plant are **poisonous**.

  그는 그 식물의 잎에 **독이 있다**고 생각한다.

| pot [pat] *n.* 도자기, 냄비 | ▶ | potter [pátər] *n.* 도공, 옹기장이 |

| ▶ | potion [póuʃən] *n.* 물약, 묘약 | ▶ | poison [pɔ́izn] *n.* 독 | ▶ | poisonous [pɔ́izənəs] *a.* 독이 있는, 유독한 |

07

** escape [iskéip] *v.* 탈출하다, 달아나다 *n.* 탈출, 도피

escape는 꼭대기(cap)에서 밖(es)으로 뛰어내리는 데서 유래되었고, handicap은 한 손 (hand)을 머리(cap) 위에 올려놓고 하는 게임에서 유래된 단어이다.

* She was eager to **escape** from the school.
  그녀는 학교 밖으로 몹시 **탈출하고** 싶었다.

[More Words]
fire escape 화재 탈출구

08

** capital [kǽpətl] *n.* 수도, 대문자, 자본

capital은 나라의 머리(cap)가 되는 데서 유래된 것이고, cabbage는 사람 머리처럼 생긴 채소를 표현하여 유래된 단어이다.

* It is generally said that the cause of business failure is lack of **capital**.
  일반적으로 사업의 실패 원인은 **자본**의 부족 때문이라 말한다.

** properly [prápərli] *ad.* 적절하게, 제대로

proper의 원뜻은 '자신의'였고, 이를 통해 현재는 자신에게 딱 알맞은 것을 표현하여 '적절한'이라는 뜻이 되었다.

• My computer is brand-new but still doesn't work **properly**.

나의 컴퓨터는 완전히 새것이지만 여전히 **제대로** 작동하지 않는다.

| proper 자신의 | ▶ | proper [prápər] *a.* 적절한 | ▶ | properly [prápərli] *ad.* 적절하게, 제대로 | property [prápərti] *n.* 소유물, 재산, 부동산, 특성, 속성 |

| propri | ▶ | appropriate [əpróupriət] *a.* 적절한 | ▶ | appropriately [əpróupriətli] *ad.* 적절하게 | inappropriate [inəpróupriət] *a.* 부적절한 |

** identity [aidéntəti] *n.* 신원, 신분, 정체(성)

과거 '마찬가지, 같은'이라는 뜻을 지녔던 ident에 명사형 접미사 -ity가 붙어서 생긴 단어.

• The police are trying to discover the **identity** of the thief.

경찰이 그 도둑의 **정체**를 알아내기 위해 애쓰고 있다.

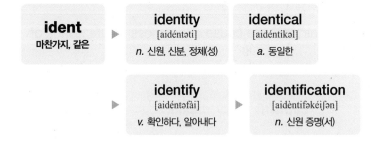

| ident 마찬가지, 같은 | ▶ | identity [aidéntəti] *n.* 신원, 신분, 정체(성) | identical [aidéntikəl] *a.* 동일한 |
| | ▶ | identify [aidéntəfài] *v.* 확인하다, 알아내다 | identification [aidèntifəkéiʃən] *n.* 신원 증명(서) |

[More Words]
identify with ～와 동일시하다, 공감하다

11

** scent [sent] *n.* 냄새, 향기

마음으로 느끼는 것이 아닌 코로 무언가를 느끼는(sent) 데서 유래.

- There is neither the smell of the warm grass nor the **scent** of flowers and pines.

    따뜻한 풀 냄새도 없고 꽃과 소나무의 **향기**도 없다.

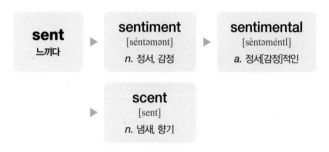

sent
느끼다

sentiment
[séntəmənt]
n. 정서, 감정

sentimental
[sèntəméntl]
a. 정서[감정]적인

scent
[sent]
n. 냄새, 향기

12

** resent [rizént] *v.* 분개하다

안 좋은 감정을 다시(re) 느끼는(sent) 데서 유래.

- I **resented** the fact that she didn't trust me.

    나는 그녀가 나를 신뢰하지 않는다는 사실에 **분개했다**.

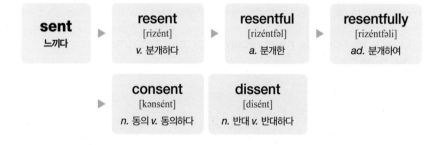

sent
느끼다

resent
[rizént]
v. 분개하다

resentful
[rizéntfəl]
a. 분개한

resentfully
[rizéntfəli]
ad. 분개하여

consent
[kənsént]
n. 동의 *v.* 동의하다

dissent
[disént]
n. 반대 *v.* 반대하다

13

** demolish [dimális] v. 파괴[철거]하다

demolish는 덩어리(mole)를 아래(de)로 무너뜨리는 데서 유래되었고, molecule은 작은(cule) 덩어리(mole)에서 유래된 단어이다.

- Those houses were **demolished** so that the supermarket could be built.

  슈퍼마켓을 짓기 위해서 그 집들은 **파괴되었다**.

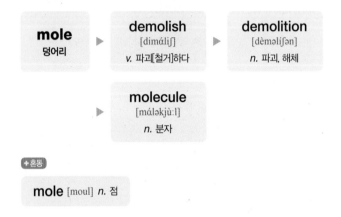

+혼동

mole [moul] n. 점

14

** treatment [trí:tmənt] n. 치료, 대우

treat의 '다루다, 치료하다'라는 뜻에서 명사로 파생된 단어.

- Only a few people have received proper **treatment** for their diarrhea.

  제대로 된 설사 **치료**를 받은 이는 거의 없었다.

15

** devote [divóut] *v.* 헌신하다, 바치다

vote의 원뜻은 '맹세'였기에 신이나 높은 사람 아래에서(de) 맹세(vote)하며 따른다는 의미에서 '헌신하다'라는 뜻이 되었다.

- I **devoted** my time to helping the poor.

  나는 가난한 사람들을 돕는 데 내 시간을 **바쳤다.**

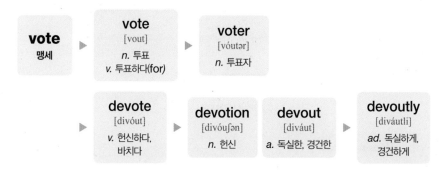

[More Words]

cast the vote 표를 던지다

16

** consumer [kənsú:mər] *n.* 소비자

consume은 자신이 잡거나(sume) 산 것을 완전히(con) 써버리는 데서 '소비하다'라는 뜻이 된 단어이고, 사람이나 사물을 뜻하는 -er이 붙은 consumer는 '소비자'를 뜻하게 되었다.

- Many **consumers** are still not accustomed to making purchases on the Internet.

  많은 **소비자들은** 아직도 인터넷으로 구매하는 것에 익숙하지 않다.

[More Words]

time-consuming 시간을 소비[낭비]하는

17

*** assumption [əsʌ́mpʃən] *n.* 가정, 추정

어떠한 사실이나 진실에 대해(as) 잡은(sume) 것처럼 생각하는 데서 유래.

- It is better to believe that the **assumption** is false.

  그 **가정**이 잘못된 것이라고 믿는 편이 낫다.

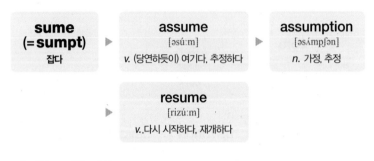

sume
(=sumpt)
잡다

▶ **assume**
[əsú:m]
v. (당연하듯이) 여기다, 추정하다

▶ **assumption**
[əsʌ́mpʃən]
n. 가정, 추정

▶ **resume**
[rizú:m]
*v..*다시 시작하다, 재개하다

[More Words]

résumé [rézumèi] *n.* 이력서

18

*** heritage [héritidʒ] *n.* 유산

상속인(heir = her)이 물려받게 되는 것을 표현하여 생겨난 단어.

- The child acquired the **heritage** of his culture by observing and imitating adults.

  그 아이는 어른들을 관찰하고 흉내 내는 것을 통해 자신의 문화 **유산**을 획득했다.

heir(= her)
[ɛər]
n. 상속인

▶ **heritage**
[héritidʒ]
n. 유산

inherit
[inhérit]
v. 물려받다

19

*** rational [rǽʃənl] a. 합리적인, 이성적인

치우치지 않고 알맞게 배급(ration)을 해주는 데서 유래.

- **This kind of bias might inhibit economically rational judgment.**
  이런 종류의 편견은 경제적으로 **합리적인** 판단을 못하게 할 수 있다.

[More Words]
rate A as B A를 B로 여기다

20

*** hypothesis [haipɑ́θəsis] n. 가설, 가정

자신의 의견을 아래(hypo)에 놓는(the) 데서 유래.

- **Her statement was just a simple hypothesis.**
  그녀의 진술은 단순한 **가설**일 뿐이었다.

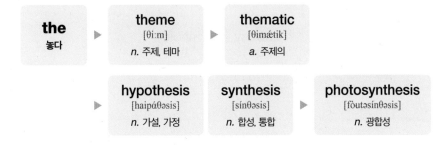

01

> ★ **behavior** [bihéivjər] *n.* 행동

'행동하다'라는 뜻을 지니 behave에서 명사로 파생된 단어.

- I was surprised by her bad **behavior** toward my friends.

    나는 내 친구들을 향한 그녀의 무례한 **행동**에 놀랐다.

| behave [bihéiv] *v.* 행동[처신]하다 | ▶ | behavior [bihéivjər] *n.* 행동 |

▼

| misbehave [mìsbihéiv] *v.* 무례한 행동을 하다 | ▶ | misbehavior [mìsbihéivjər] *n.* 나쁜 행실 | misbehaved [mìsbihéivd] *a.* 행실이 좋지 않은 |

02

> ★ **choosy** [tʃúːzi] *a.* 까다로운

'선택하다'라는 뜻을 지닌 choose에서 파생된 단어.

- He is very **choosy** about what he wears and buys.

    그는 무엇을 입거나 살지에 대해 매우 **까다롭다**.

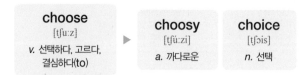

| choose [tʃuːz] *v.* 선택하다, 고르다, 결심하다(to) | ▶ | choosy [tʃúːzi] *a.* 까다로운 | choice [tʃɔis] *n.* 선택 |

03

> ★ **envious** [énviəs] *a.* 부러워하는(of)

envy는 다른 사람을 안 좋은 마음(en)으로 보는(vy) 데서 '질투, 부러움'이라는 뜻이 되었고, 이 단어의 형용사로 envious가 파생되었다.

- We were **envious** of his success.
  우리는 그의 성공을 **부러워했다**.

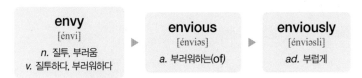

envy [énvi]		envious [énviəs]		enviously [énviəsli]
n. 질투, 부러움 *v.* 질투하다, 부러워하다	▶	*a.* 부러워하는(of)	▶	*ad.* 부럽게

04

> ★ **hatred** [héitrid] *n.* 증오, 혐오

'싫어하다'라는 뜻을 지닌 hate에서 명사로 파생된 단어.

- She had an irrational fear and **hatred** of foreigners.
  그녀는 외국인에게 비이성적 공포와 **증오**를 가졌다.

hate [heit]		hateful [héitfəl]	hatred [héitrid]
v. 싫어하다	▶	*a.* 혐오스러운	*n.* 증오, 혐오

05

** undoubtedly [ʌ̀ndáutidli] *ad.* 의심할 여지 없이

'의심'을 의미하는 doubt에서 파생된 단어.

- *Pretty Woman* is **undoubtedly** one of the best romantic movies.

  〈귀여운 여인〉은 **의심할 여지 없이** 최고의 로맨틱 영화 중 하나이다.

doubt
[daut]
n. 의심 *v.* 의심하다

▶

doubtful
[dáutfəl]
a. 의심스러운

▶

undoubted
[ʌ̀ndáutid]
a. 의심할 여지없는

▶

undoubtedly
[ʌ̀ndáutidli]
ad. 의심할 여지없이

[More Words]

in doubt 의심이 가는

no doubt 의심의 여지 없이, 분명히

without a doubt 의심의 여지 없이

06

** spot [spat] *n.* (반)점, 장소 *v.* 발견하다, 알아채다

무언가가 묻은 '(반)점'이라는 뜻과 묻어 있는 곳을 의미하여 '장소'란 뜻도 지니게 된 단어.

- Moles are dark **spots** on the skin.

  점은 피부 위의 검은 **반점**이다.

spot
[spat]
n. (반)점, 장소
v. 발견하다, 알아채다

▶

on the spot
즉석에서, 현장에서

hit the spot
정곡을 때리다

▶

spotlight
[spátlàit]
n. 주목

hot spot
활기 넘치는 곳

07

** concern [kənsə́:rn] v. 관계하다, 걱정하다 n. 관심, 걱정, 염려

concern은 체로 걸러(cern) 필요한 것만 함께(con) 하는 데서 유래된 단어이고,
discern은 따로따로(dis) 걸러내(cern) 분별하는 데서 유래된 단어이다.

- Educational reform was one of the principal's major **concerns**.

  교육 개혁은 교장선생님의 가장 큰 **관심사** 중 하나였다.

cern
체로 거르다

▶

concern
[kənsə́:rn]
v. 관계하다, 걱정하다
n. 관심, 걱정, 염려

▶

concerning
[kənsə́:rniŋ]
prep. ~에 관하여

▶

unconcern
[ʌ̀nkənsə́:rn]
n. 무관심

▶

unconcerned
[ʌnkənsə́:rnd]
a. 무관심한

▶

discern
[disə́:rn]
v. 식별하다, 알아차리다

[More Words]
be concerned about ~에 관하여 걱정하다
be concerned with ~에 관심[관련]이 있다

08

** symbolize [símbəlàiz] v. 상징하다

'상징'을 의미하는 symbol에 동사를 만드는 접미사 -ize가 붙어서 생긴 단어.

- Colors can **symbolize** a couple of different things.

  색깔은 몇 가지 다른 것들을 **상징할** 수 있다.

symbol
[símbəl]
n. 상징(of)

▶

symbolic
[simbálik]
a. 상징적인

symbolize
[símbəlàiz]
v. 상징하다

★★ **decline** [dikláin] *v.* 감소하다, 거절하다 *n.* 감소

decline은 아래(de)로 구부려(cline)지는 데서 유래되었고, incline은 자신 마음 안에 (in) 기울여(cline)지는 데서 유래된 단어이다.

- This year the numbers are expected to show a gradual **decline**.

  금년에 그 수치는 점진적인 **감소** 추세를 보이리라 예상된다.

cline
구부러지다

decline
[dikláin]
v. 감소하다, 거절하다
n. 감소

incline
[inkláin]
v. ~쪽으로 기울다

client
[kláiənt]
n. 의뢰인, 고객

lean
[liːn]
v. 기대다

[More Words]
be inclined to ~하는 경향이 있다   **lean back** 몸을 뒤로 젖히다
lean against ~에 기대다

★혼동

cling to ~에 들러붙다, 고수하다

★★ **innovate** [ínəvèit] *v.* 혁신하다

다시 안(in)을 새롭게(nov) 만드는 데서 유래.

- The company plans to continue **innovating** and experimenting.

  그 회사는 계속하여 **혁신하고** 실험할 계획이다.

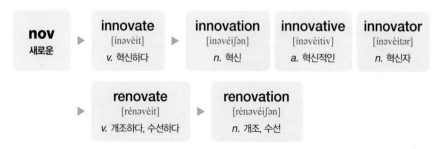

nov
새로운

innovate
[ínəvèit]
v. 혁신하다

innovation
[ìnəvéiʃən]
n. 혁신

innovative
[ínəvèitiv]
a. 혁신적인

innovator
[ínəvèitər]
n. 혁신자

renovate
[rénəvèit]
v. 개조하다, 수선하다

renovation
[rènəvéiʃən]
n. 개조, 수선

11

** massive [mǽsiv] *a.* 엄청난, 거대한

'덩어리'를 의미하는 mass에서 파생된 단어.

- **There was a massive earthquake in Japan last week.**
  지난주에 일본에서 **엄청난** 지진이 일어났다.

mass
[mæs]
n. 덩어리, 무리
a. 대량의, 대중의

▶

massive
[mǽsiv]
a. 엄청난, 거대한

[More Words]
in a mass 한 덩어리로   **mass-produced** 대량 생산된   **mass media** 대중매체

+혼동

mess [mes] *n.* 엉망인 상태 *v.* 망치다, 엉망으로 만들다(up)

12

** renew [rinjú:] *v.* 갱신하다, 재개하다

날짜를 다시(re) 새롭게(new) 하는 데서 유래된 단어. nov는 new의 어근이다.

- **I recently renewed my driver's license.**
  나는 최근 운전면허증을 **갱신했다.**

new
[nuː]
a. 새로운, 시작한

▶

newly
[njúːli]
ad. 새로, 최근

renew
[rinjú:]
v. 갱신하다, 재개하다

▶

renewal
[rinjú:əl]
n. 갱신, 재개

▲

nov
새로운

▶

novel
[návəl]
n. 소설 *a.* 새로운, 참신한

novelist
[návəlist]
n. 소설가

novelty
[návəlti]
n. 신선함, 참신함

13

** honorable [ánərəbl] *a.* 명예로운, 고결한

'영광, 명예'를 의미하는 honor에서 파생된 단어.

- The official has a long and **honorable** history with the government.

  그 고위 관료는 정부와 함께한 길고 **명예로운** 이력을 가지고 있다.

honor
[ánər]
n. 영광, 명예(상)
v. 경의를 표하다, 존경하다

▶

honored
[ánərd]
a. 영광스러운

honorable
[ánərəbl]
a. 명예로운, 고결한

[More Words]

in honor of ~에 경의를 표하는, ~를 기리는

14

** pavement [péivmənt] *n.* 보도, 인도

길 등을 '포장하다'라는 뜻의 pave에서 명사로 파생된 단어.

- Walking on grass is better than walking on **pavement**.

  잔디 위를 걷는 것이 **보도**를 걷는 것보다 낫다.

pave
[péiv]
v. 포장하다

▶

pavement
[péivmənt]
n. 보도, 인도

▶

paved
[peivd]
a. 포장된

▶

unpaved
[ʌnpéivd]
a. 포장되지 않은

[More Words]

pave the way for ~을 위해 길을 열다

15

** outstanding [àutstǽndiŋ] *a.* 두드러진, 뛰어난

밖(out)에 서(stand) 있기에 다른 사람보다 눈에 띄는 데서 유래.

- His works are **outstanding** for their complex stories and interesting characters.

  그의 작품들은 복잡한 스토리와 흥미로운 등장인물들이 **두드러진다.**

| stand [stǽnd] *v.* 서다, 참다, 견디다 *n.* 가판대, 노점 | ▶ | outstanding [àutstǽndiŋ] *a.* 두드러진, 뛰어난 | upstanding [ʌ̀pstǽndiŋ] *a.* 정직한, 강직한 | standard [stǽndərd] *n.* 표준, 기준 |

[More Words]

stand firm 꿋꿋하다   stand tall 당당해 보이다

stand back 뒤로 물러나다   stand for ~을 나타내다, 상징[대표]하다

stand out 두드러지다   stand up 일어나다

stand up to ~에 맞서다, 대처하다

16

** misunderstanding [mìsʌndərstǽndiŋ] *n.* 오해

잘못(mis) 이해하는(understand) 데서 유래.

- We could not avoid a critical **misunderstanding**.

  우리는 치명적인 **오해**를 피할 수 없었다.

| understand [ʌ̀ndərstǽnd] *v.* 이해하다, 알다 | ▶ | understanding [ʌ̀ndərstǽndiŋ] *n.* 이해 |

| | ▶ | misunderstand [mìsʌndərstǽnd] *v.* 오해하다 | ▶ | misunderstanding [mìsʌndərstǽndiŋ] *n.* 오해 |

[More Words]

by understanding ~을 이해함으로써

★★★ **descendant** [diséndənt] *n.* 후손

족보에서 가장 밑으로 내려가는(descend) 사람(ant)을 표현하는 데서 유래.

● She is a **descendant** of the royal family.

그녀는 왕가의 **후손**이다.

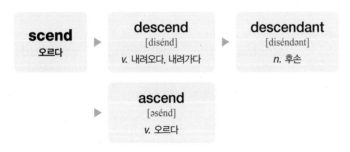

scend
오르다 ▶ descend [disénd] *v.* 내려오다, 내려가다 ▶ descendant [diséndənt] *n.* 후손

▶ ascend [əsénd] *v.* 오르다

★★★ **tangible** [tǽndʒəbl] *a.* 실재하는, 유형의

tangible은 만져서(tang = tag) 존재하는 것을 표현하여 생긴 단어이고, contagion은 함께(con) 만져(tag) 병이 옮겨진 '전염'을 뜻한다.

● There is no **tangible** evidence to support her claim.

그녀의 주장을 뒷받쳐 줄 수 있는 **확실한[실재하는]** 증거가 없다.

tang
만지다 ▶ tangible [tǽndʒəbl] *a.* 실재하는, 유형의 ▶ intangible [intǽndʒəbl] *a.* 무형의

tag ▶ contagion [kəntéidʒən] *n.* 전염 ▶ contagious [kəntéidʒəs] *a.* 전염성의

19

*** enhance [inhǽns] *v.* 향상시키다, 높이다

사람들의 평가 안(en)에서 높이(hance) 올라가는 데서 유래.

- To **enhance** your creativity, try thinking in a different way.
  창의력을 **향상시키기** 위해서 다른 방식으로 생각하기를 시도하라.

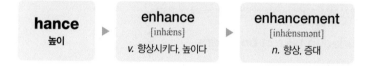

| hance
높이 | ▶ | enhance
[inhǽns]
v. 향상시키다, 높이다 | ▶ | enhancement
[inhǽnsmənt]
n. 향상, 증대 |

20

*** prior [práiər] *a.* 사전의, 우선적인

라틴어에서 비교급을 만드는 or와 '~ 전의, 미리'라는 뜻을 지닌 pri가 합쳐져 생긴 단어.

- The cities themselves cannot be developed without the **prior** development of the rural areas.
  시골 지역의 **우선적인** 발전 없이 도시들 자체의 발전이 이루어질 수는 없다.

| pri
전의, 미리 | ▶ | prior
[práiər]
a. 사전의, 우선적인 | ▶ | priority
[praió:rəti]
n. 우선권[순위] | ▶ | prioritize
[praió:rətàiz]
v. 우선순위를 정하다 |

[More Words]
prior to ~보다 이전에

01

> ★ **boarder** [bɔ́:rdər] *n.* 하숙생, 기숙생

판자(board)에서 밥을 학생(er)들과 같이 먹는 데서 유래.

- They decided to take in **boarders**.
  그들은 **하숙생**을 받아들이기로 결정했다.

board	**boarder**	**aboard**	**boarding**
[bɔ:rd]	[bɔ́:rdər]	[əbɔ́:rd]	*n.* 탑승, 기숙
n. 판(자), 식사	*n.* 하숙생, 기숙생	*ad.* 탑승한, 타고	*a.* 탑승하는
v. 탑승하다, 하숙시키다			

[More Words]

boarding time 탑승시간 　　**boarding school** 기숙학교

◆혼동

border *n.* 경계, 가장자리, 국경 *v.* 경계[가장자리]를 이루다

02

> ★ **career** [kəríər] *n.* 경력, 직업, 활동

'자동차'를 뜻하는 car에서 파생되어 지금까지 달려온 것을 표현하여 생겨난 단어.

- You indicated in your cover letter that you intend to pursue a literary **career**.
  당신은 문예 **경력**을 이어갈 작정이라고 자기소개서에서 명시했다.

car	**career**	**carry**	**carriage**
[ka:r]	[kəríər]	[kǽri]	[kǽridʒ]
n. 자동차	*n.* 경력, 직업, 활동	*v.* 운반하다, 가지고 다니다	*n.* 마차

[More Words]

career-related *a.* 직업과 관련된 　　**carry out** ~을 수행하다

03

★ **senior** [síːnjər] *a.* 상급의, 손위의 *n.* 연장자, 선배

'오래된, 나이든'을 뜻했던 sen에 라틴어 비교급을 만드는 or이 결합하여 생긴 단어.

- The **senior** students would not conform to the demands of the
  principal. **상급** 학생들은 교장의 요구에 따르지 않을 것이다.

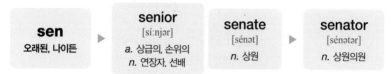

sen
오래된, 나이든

▶ **senior**
[síːnjər]
a. 상급의, 손위의
n. 연장자, 선배

senate
[sénət]
n. 상원

▶ **senator**
[sénətər]
n. 상원의원

[More Words]
be senior to ~보다 선배[연상]이다   senior citizen 노인, 어르신

04

★ **manner** [mǽnər] *n.* 방식, 방법, 태도

라틴어로 '손'을 의미하는 manus에서 파생되어 손으로 다룰 수 있는 '방식, 방법'을 의미.

- He has an engaging **manner** and will stand by me.
  그는 사람을 끄는 **태도**를 지녔고 나를 지지해 줄 것이다.

manus
손

▶ **manner**
[mǽnər]
n. 방식, 방법, 태도

▶ **manners**
[mǽnəz]
n. 예의, 예절

▶ **manual**
[mǽnjuəl]
n. 설명서

▶ **manage**
[mǽnidʒ]
v. 관리하다, 다루다, 잘해내다,
가까스로 ~하다(to)

▶ **management**
[mǽnidʒmənt]
n. 관리, 경영

manager
[mǽnidʒər]
n. 부장

[More Words]
in a manner that ~한 방식으로

+혼동

manor [mǽnər] *n.* 저택, 영지   ▶   **mansion** [mǽnʃən] *n.* 대저택

05

** classify [klǽsəfài] *v.* 분류하다

'종류, 분류'라는 뜻의 class에서 파생된 단어.

- Until now, those fruits have been **classified** as tropical fruits in parts of Asia.

  아시아 일부 지역에서는 아직까지도 그 과일들을 열대과일로 **분류해**오고 있다.

class
[klæs]
n. 수업, 학급, 종류, 분류

▶

classmate
[klǽsmèit]
n. 반 친구

classroom
[klǽsrù:m]
n. 교실

▶

classify
[klǽsəfài]
v. 분류하다

classical
[klǽsikəl]
a. 고전적인

[More Words]

extra class 보충 수업
classical music 고전 음악

06

** decade [dékeid] *n.* 십 년

decade는 과거 '10'을 의미했던 dec에서 파생된 단어다. 또한 December는 과거 '10월'을 뜻했으나 현재는 '12월'로 쓰이게 되었다.

- The impact of color has been studied for **decades**.

  색깔의 영향이 **수십 년**간 연구되어왔다.

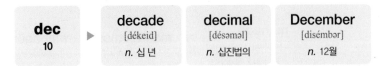

dec
10

▶

decade
[dékeid]
n. 십 년

decimal
[désəməl]
n. 십진법의

December
[disémbər]
n. 12월

07

** consider [kənsídər] *v.* 고려하다, 여기다

별(sider)과 함께(con) 시간을 보내며 자기 자신을 뒤돌아보며 생각하는 데서 유래.

- I **considered** going to Paris but finally decided to stay in town.
  나는 파리에 갈까 **고려해보았지만** 결국 마을에 남기로 했다.

consider
[kənsídər]
v. 고려하다, 여기다

▶

considering
[kənsídəriŋ]
prep. ~을 고려하면

considerable
[kənsídərəbl]
a. 상당한

▶

considerate
[kənsídərət]
a. 사려 깊은, 배려하는

▶

consideration
[kənsidəréiʃən]
n. 사려, 고려

[More Words]

take ~ into consideration ~을 고려하다

08

** wilderness [wíldərnis] *n.* 황무지, 황야

wild의 '황야의'라는 뜻에서 명사로 파생된 단어.

- These animals have lived in the **wilderness** their whole lives.
  이 동물들은 **황야**에서 평생을 살았다.

wild
[waild]
a. 야생의, 격렬한, 황야의
n. (the) 야생

▶

wildlife
[wáildlàif]
n. 야생동물

wilderness
[wíldərnis]
n. 황무지, 황야

** pursue [pərsúː] *v.* 추구하다

pursue는 목적(pur)으로 둔 것을 끝까지 따라가는(sue) 데서 '추구하다'라는 뜻이 되었고, 현재 sue는 잘못된 행위 후 따라오는 것을 의미하여 '고소하다'라는 뜻이 되었다.

- The desire to **pursue** happiness is natural for human beings.
  행복을 **추구하는** 욕망은 사람에게 자연스러운 일이다.

** flaw [flɔː] *n.* 결함, 결점

분리된 '조각'을 의미하는 flake에서 파생되어 완전하지 못한 것을 표현하는 데서 유래.

- The report reveals fundamental **flaws** in their plans.
  그 보고서는 그들의 계획의 기본적인 **결함**을 드러낸다.

11

** advance [ædvǽns] v. 증진되다, 출세하다, 내놓다 n. 증가, 진전

남보다 앞쪽(ad)으로 미리 가는(vance, vant) 데서 유래.

- The price of crops in Asia shows a steady **advance**.

아시아 내의 곡물 가격은 계속해서 **높아지고** 있다.

[More Words]

in advance 미리, 사전에

12

** indeed [indíːd] ad. 정말[실제]로, 참으로

'행위'를 의미하는 deed에서 파생되어 실제로 한 행위를 표현하여 생긴 단어.

- A friend in need is a friend **indeed**.

어려울 때 친구가 **정말로** 친구이다.

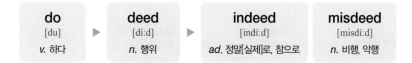

13

** attempt [ətémpt] *n.* 시도 *v.* 시도하다

어떠한 일이나 사람을 유혹하려고 하는 데서 유래.

- It was an **attempt** to promote his son to CEO of the company.

  그것은 그의 아들을 그 회사의 최고경영자로 승진시키기 위한 **시도**였다.

tempt
[tempt]
v. 유혹하다, 부추기다

▶ **temptation**
[temptéiʃən]
n. 유혹

▶ **attempt**
[ətémpt]
n. 시도 *v.* 시도하다

[More Words]

be tempted to ~하고 싶어지다, ~하라고 유혹받다
in an attempt to ~하기 위하여, ~하려는 시도로
make attempts to ~하려고 시도하다

14

** engage [ingéidʒ] *v.* 사로잡다, 끌어들이다

engage는 맹세(gage)로 인해 다른 것을 못하게 꽉 안(en)으로 붙잡는 데서 유래되었고, wage는 맹세한 만큼 주는 '임금'을 뜻하게 되었다.

- It is very difficult to **engage** both their minds and hearts.

  그들의 정신과 가슴을 모두 **사로잡기는** 매우 어렵다.

gage
맹세

▶ **engage**
[ingéidʒ]
v. 사로잡다, 끌어들이다

▶ **disengage**
[dìsengéidʒ]
v. 풀다, 떼어내다

▼ **wage**
[weidʒ]
n. 임금, 급료

[More Words]

engage in ~에 열중하다, 참여[관여]하다   **be engaged in** ~으로 바쁘다
get engaged 약혼하다   **engage with** ~와 맞물리게 하다

15

** betterment [bétərmənt] *n.* 향상, 개선

better의 동사로서의 뜻인 '개선하다'에서 파생된 단어.

- We work for the **betterment** of the lives of working people.

  우리는 일하는 사람들의 삶의 **개선**을 위해 일한다.

[More Words]

good for ~에 좋은, 유효한

for good 영원히

be good at ~에 능숙하다, ~을 잘하다

16

** physical [fízikəl] *a.* 물리적인, 신체적인

'물리학'을 의미하는 physics에서 파생된 단어.

- When you turn 50, you will go through many **physical** and emotional changes.

  50세가 되면 많은 **신체** 및 정서적 변화를 경험하게 될 것이다.

17

*** organization [ɔ̀rɡənizéiʃən] n. 조직, 단체

각각의 기관(organ)을 하나로 만드는 데서 생겨난 단어.

- Members of the **organization** have to be willing to abide by the stringent rules. **조직**의 회원들은 엄중한 규칙에 기꺼이 따라야만 한다.

18

*** enroll [inróul] v. 등록하다

이름을 명부(roll) 안(en)에 넣는 데서 유래.

- If you **enroll** two months in advance, you can get an extra discount on tuition. 2개월 먼저 **등록하면** 수업료를 추가 할인 받을 수 있다.

[More Words]

roll along with ~와 함께 흘러 다니다   **roll up** 둥글게 말다

play a role 역할을 하다   **leading role** 주연

19

★★★ domestic [dəméstik] *a.* 국내의, 가정의

과거 '집'을 의미했던 dome에서 파생된 단어.

- The **domestic** oil, natural gas, and steel industries may require protection.

  국내의 석유, 천연 가스, 철강 산업은 보호가 필요할 수 있다.

[More Words]
dome-shaped *a.* 돔 모양의

20

★★★ architect [ɑ́ːrkətèkt] *n.* 건축가

최고의(arch) 기술(tect)을 가진 사람에서 유래된 단어.

- The **architect** rebuilt Europe after World War II.

  그 **건축가**는 제2차 세계대전 후에 유럽을 재건했다.

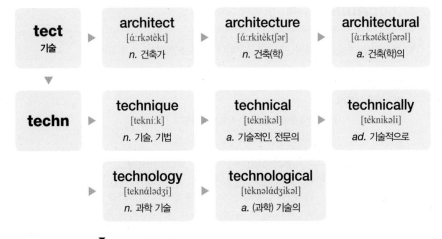

01

> ★ **address** [ədrés] *n.* 주소, 연설 *v.* 연설하다, 다루다, 처리하다

dress의 원뜻은 '똑바른'이었고, 이 뜻이 확장되어 똑바로 갖추어 입는 '드레스'가 되었다. address는 원하는 쪽(ad)으로 똑바로(dress) 가는 '주소'라는 뜻과 똑바로 전하는 '연설' 이라는 뜻도 있다.

• The mayor's home **address** was easy to remember.
  그 시장의 집 **주소**는 기억하기 쉬웠다.

[More Words]

bridal dress 신부 의상

hairdresser [héərdrèsər] *n.* 미용사

02

> ★ **scholar** [skálər] *n.* 학자, 장학생

학교(school = schol)에서 열심히 공부한 사람을 표현하는 데서 유래.

• Dr. Miles was a distinguished **scholar** of Russian history and philosophy.
  마일즈 박사는 러시아 역사와 철학을 연구하는 유명한 **학자**였다.

03

> ★ **hardship** [hάːrdʃip] *n.* 고난, 곤란

hard의 '어려운, 힘든'이라는 뜻에서 파생된 단어.

- **Many college graduates are suffering economic hardship.**
  많은 대학교 졸업생들이 경제적 **곤란**을 겪고 있다.

[More Words]

hard-headed [hάːrdhédid] *a.* 고집스러운, 완고한

hard-earned [hάːrdə́ːrnd] *a.* 애써서 번, 힘들게 번

+주의 hard work의 hard는 형용사로 '어려운'이라는 뜻이고, hardworking의 hard는 부사로 '열심히'를 의미한다.

04

> ★ **fair** [fɛər] *a.* 공정[공평]한, 아름다운

fair는 처음에는 깨끗하게 보이는 것을 표현하여 '아름다운'을 뜻했고, 나중에는 도덕적으로 깨끗한 '공정한'이라는 뜻도 지니게 된 단어이다.

- **It's not fair that she's allowed to go home and I'm not!**
  그녀는 집에 가는 것이 허용되고 나는 안 된다니 **공평치** 않다!

+혼동

> **fair**
> [fɛər]
> *n.* 박람회

[More Words]

job[school, science, book] fair 직업[학교, 과학, 도서] 박람회

** applaud [əplɔ́ːd] v. 갈채를 보내다

applaud는 누군가를 향해(ap) 박수(plaud)를 치는 데서 유래된 단어이고, explode는 박수 소리(plode)가 밖(ex)으로 크게 터져 나오는 데서 유래된 단어이다.

• The crowd is **applauding** him for his determination and courage.
군중들이 그의 결단과 용기에 **박수갈채를 보내고** 있다.

[More Words]
a round of applause 한 차례의 박수

** available [əvéiləbl] a. 이용[사용] 가능한, 가능한

현재는 자주 쓰이지 않는 '이용하다'라는 뜻의 avail에서 파생된 단어.

• There are no more seats **available**.
더 이상 **이용 가능한** 자리가 없다.

[More Words]
available to ~가 이용할 수 있는

** dawn [dɔːn] *n.* 새벽

'하루, 날'을 의미하는 day에서 파생되어 날이 시작되는 것을 표현하여 생긴 단어.

- By the full moon hanging low in the west he knew that it was near the hour of **dawn**.

  서쪽 하늘에 낮게 떠 있는 보름달을 보고 그는 **새벽녘**이 가까워졌음을 알았다.

[More Words]
at the dawn of ~의 여명기에, ~이 밝아올 때
on a diet 다이어트 중인

** underline [ʌ́ndərlàin] *v.* 밑줄을 긋다, 강조하다

밑(under)에 선(line)을 긋는 데서 유래.

- All the important words have been **underlined** in red.

  모든 중요 단어에는 빨간색으로 **밑줄이 그어졌다.**

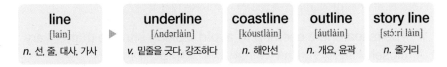

[More Words]
line up 줄을 서다

★★ **release** [rilíːs] v. 풀어주다, 배출하다, 개봉[발표]하다

뒤(re)로 풀어(lease) 주는 데서 유래.

- Nine students were **released** shortly before noon.
  9명의 학생들이 정오 직전에 **풀려났다**.

lease
풀다

▶ **release**
[rilíːs]
v. 풀어주다, 배출하다, 개봉[발표]하다

loose
[luːs]
a. 느슨한, 풀린 v. 터뜨리다

▶ **loosely**
[lúːsli]
ad. 느슨하게

loosen
[lúːsn]
v. 긴장을 풀다(up)

▼

lose
[luːz]
v. 잃다, 줄다

▶ **loser**
[lúːzər]
n. 패배자 v. ~에게 패배하다(to)

loss
[lɔːs]
n. 손실, 상실

[More Words]

newly-released a. 새롭게 출시된　　**at a loss** 어쩔 줄을 모르는

(+lose와 함께 사용되는 관용어)

lose weight 체중을 줄이다　　**lose a point** 실점하다

lose one's confidence 자신감을 잃다　**lose one's sense of** ~의 감각을 잃다

lose track of ~을 잃다, ~을 놓치다　**lose oneself in** ~에 몰두하다

lose control[balance] 균형을 잃다, 난조를 보이다

★★ **avoid** [əvɔ́id] v. 피하다

장소를 비워(void) 적(a)의 공격으로부터 달아나는 데서 유래.

- The researchers seemed to **avoid** looking into the matter very closely. 연구원들은 그 문제를 아주 면밀히 조사하기를 **피하는** 것 같아 보였다.

void
[vɔid]
a. 텅 빈, 무효의

▶ **avoid**
[əvɔ́id]
v. 피하다

** melt [melt] v. 녹다[녹이다]

mild에서 파생된 단어로 단단한 것을 부드럽게 녹이는 데서 유래.

- The chocolate **melted** in my pocket.
  초콜릿이 내 주머니에서 **녹았다**.

mild
[maild]
a. 부드러운, 순한
▶
mildly
[máildli]
ad. 부드럽게, 순하게

▶
melt
[melt]
v. 녹다[녹이다]
▶
molten
[móultən]
a. 녹은, 용해된

[More Words]
melt away 차츰 사라지다
melting pot 용광로, 도가니

** colony [kάləni] n. 식민지, 집단

'살다'라는 뜻이었던 col에서 파생되어 로마가 다른 나라를 침범한 후 사람들이 정착해 사는 데서 유래.

- By the end of the 19th century, Britain had many **colonies** around the world.
  19세기 말까지 영국은 전 세계적으로 많은 **식민지**를 보유했다.

colony
[kάləni]
n. 식민지, 집단
▶
colonial
[kəlóuniəl]
a. 식민지의
colonize
[kάlənàiz]
v. 식민지화하다
▶
colonization
[kὰlənizéiʃən]
n. 식민지화

13

** entire [intáiər] *a.* 전체의, 완전한

아무도 만지지(tire) 않아(en) 훼손되지 않은 완전한 것을 표현하여 생겨난 단어.

• He wants to spend his **entire** life caring for other people.

그는 그의 **평생**을 다른 사람들을 돌보는 데 보내기를 원한다.

| **tire**
만지다 | ▸ | **entire**
[intáiər]
a. 전체의, 완전한 | ▸ | **entirely**
[intáiərli]
ad. 완전히 | **entirety**
[intáiərti]
n. 전체 |

14

** retire [ritáiər] *v.* 은퇴[퇴직]하다

더 이상 일을 하지 못하고 뒤로(re) 끌려(tire)지는 데서 유래.

• They want to be healthy when they **retire**.

그들은 **은퇴할** 때 건강하기를 바란다.

| **tire**
끌다 | ▸ | **retire**
[ritáiər]
v. 은퇴[퇴직]하다 | ▸ | **retired**
[ritáiərd]
a. 은퇴한, 퇴직한 | **retirement**
[ritáiərmənt]
n. 은퇴, 퇴직 | **retiree**
[ritàiərí:]
n. 퇴직자 |

🔸혼동

| **tire**
[taiər]
v. 피곤하게 하다 | ▸ | **tired**
[táiərd]
a. 피곤한, 지친 | **tiring**
[táiəriŋ]
a. 지치게 하는 | **tiresome**
[táiərsəm]
a. 지겨운, 따분한 | **tireless**
[táiərlis]
a. 지칠 줄 모르는 |

15

** monument [mánjumənt] *n.* 기념물, 건축물

monument는 사람들의 기억 속에 생각나게(mon) 하는 데서 유래.

- We erected a **monument** on the spot where the soldier was killed.

  우리는 그 군인이 죽었던 장소에 **기념물**을 건립했다.

16

** eager [íːgər] *a.* 열렬한

eager의 원뜻은 '날카로운'이었고, 여기서 확장되어 날카롭고 강하게 무언가를 원하는 '열렬한'이라는 뜻이 된 것이다. vinegar는 포도주(vine = wine)와 날카로운 (egar = eager) 신맛이 합쳐져서 '식초'를 뜻하게 되었다.

- We were **eager** to hear the latest news.

  우리는 최근 소식을 **간절히** 듣고 싶었다.

[More Words]

be eager to 몹시 ~하고 싶어 하다

★★★ hesitate [hézətèit] v. 주저하다, 망설이다

마음속 무언가에 꽉 붙잡혀(hese) 제대로 행동하거나 말하지 못하는 데서 유래.

- If you need anything, please don't **hesitate** to call me.
  필요한 게 있으시면 **주저하지** 말고 저에게 전화하세요.

hese
붙이다

hesitate
[hézətèit]
v. 주저하다, 망설이다

hesitation
[hèzətéiʃən]
n. 주저, 망설임

hesitant
[hézətənt]
a. 주저하는, 망설이는

hesitantly
[hézətəntli]
ad. 주저하여, 망설이며

[More Words]
without hesitation 망설임 없이

★★★ modest [mádist] a. 겸손한, 정숙한, 적당한

mode의 원뜻은 넘지 않게 딱 맞는 '정도'라는 뜻이었고, 현재는 정도에 맞게 하는 '방식' 이나 '수단'을 뜻한다. modest는 사람의 행동이 선을 넘지 않는 것을 표현하여 '정숙한, 겸손한'이라는 뜻이 된 단어이다.

- He was very **modest** about his success.
  그는 그의 성공에 매우 **겸손했다**.

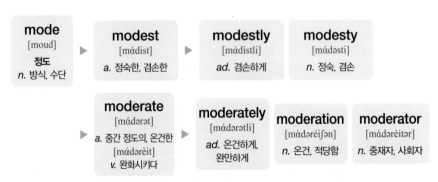

mode
[moud]
정도
n. 방식, 수단

modest
[mádist]
a. 정숙한, 겸손한

modestly
[mádistli]
ad. 겸손하게

modesty
[mádəsti]
n. 정숙, 겸손

moderate
[mádərət]
a. 중간 정도의, 온건한
[mádərèit]
v. 완화시키다

moderately
[mádərətli]
ad. 온건하게, 완만하게

moderation
[màdəréiʃən]
n. 온건, 적당함

moderator
[mádərèitər]
n. 중재자, 사회자

19

*** accommodate [əkámədèit] v. 수용하다, 제공하다

정도(mode)에 맞게(com) 사람들에게(ac) 시설이나 잠잘 곳을 제공하는 데서 유래.

● The hotel can **accommodate** 100 people.

그 호텔은 100명을 **수용할** 수 있다.

mode [moud] 정도 *n.* 방식, 수단	▶	accommodate [əkámədèit] *v.* 수용하다	▶	accommodation [əkàmədéiʃən] *n.* 수박시설, 숙소

20

*** nutrient [njúːtriənt] n. 영양분[소]

'먹이다'라는 뜻을 지녔던 nutr(= nurt)에서 파생되어 먹여서 성장할 수 있게 만드는 것
을 표현하여 생긴 단어.

● Select any of the following that is mentioned as an essential
nutrient.

다음 중 필수 **영양소**로 언급된 것을 아무것이나 고르시오.

nurt 먹이다	▶	nurture [nɔ́ːrtʃər] *v.* 양육하다, 키우다			
nutr	▶	nutrient [njúːtriənt] *n.* 영양분[소]			
	▶	nutrition [njuːtríʃən] *n.* 영양	nutritionist [njuːtríʃənist] *n.* 영양학자	nutritional [njuːtríʃənl] *a.* 영양의	nutritious [njuːtríʃəs] *a.* 영양가 있는[높은]

01

> ★ **weight** [weit] *n.* 무게, 체중, 역기

'무게를 달다'라는 뜻의 weigh에서 명사로 파생된 단어.

- However, the aircraft's **weight** cannot exceed 2,000 kilograms.
  그러나 항공기 **무게**는 2천 킬로그램을 초과할 수 없다.

weigh
[wei]
v. 무게를 달다,
무게가 〜이다

▶

weight
[weit]
n. 무게, 체중, 역기

▶

overweight
[óuvərwèit]
a. 비만의, 과체중의

> **More Words**
> **weight lifter** 역도 선수
> **gain weight** 무게[체중]가 늘다
> **lose weight** 무게[체중]를 줄이다

02

> ★ **thicken** [θíkən] *v.* 짙어지다, 걸쭉해지다

'두꺼운, 짙은'이라는 뜻을 지닌 thick에서 동사로 파생된 단어.

- The fog is beginning to **thicken**.
  안개가 **짙어지기** 시작하고 있다.

thick
[θik]
a. 두꺼운, 짙은, 빽빽한

▶

thicken
[θíkən]
v. 짙어지다, 걸쭉해지다

thickness
[θíknis]
n. 두께, 겹

thickly
[θíkli]
ad. 두껍게

➕비교

thin
[θin]
a. 얇은, 가는

▶

thinly
[θínli]
ad. 얇게

* **deadly** [dédli] *a.* 치명적인

'죽은'이라는 뜻을 지닌 dead에서 파생되었으며 죽음을 일으킬 수 있는 데서 유래. dead 처럼 deadly도 형용사로 사용되는 단어이니 주의하자.

- ### His disease rapidly became **deadly**.
  그의 병은 급속하게 **치명적이** 되었다.

+ 형용사에 **ly**가 붙어 또 다른 형용사가 된 단어

dead (죽은) → **deadly** (치명적인)
live (살아있는) → **lively** (생기 있는, 활기찬)
lone (혼자인) → **lonely** (외로운)

* **march** [mɑːrtʃ] *v.* 행진하다 *n.* 행진(곡)

'결혼행진곡'인 wedding march를 떠올리며 암기하자.

- ### We **marched** through the city to protest against the war.
  우리는 전쟁에 반대하기 위해 도시를 **행진했다**.

 혼동

March [mɑːrtʃ] *n.* 3월

05

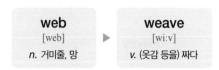

** **weave** [wi:v] *v.* (옷감 등을) 짜다

'거미줄'을 뜻하는 web에서 파생된 단어. 과거형은 wove, 과거분사형은 woven이다.

- They **wove** cloth on a homemade loom.

  그들은 집에서 만든 베틀로 옷감을 **짰다**.

> **web**
> [web]
> *n.* 거미줄, 망
▶
> **weave**
> [wi:v]
> *v.* (옷감 등을) 짜다

06

** **twilight** [twáilàit] *n.* 황혼, 해질녘

'둘(two)'과 '빛(light)'이 합쳐져 생긴 단어로 새벽과 저녁에 발생하는 두 번의 빛에서 유래.

- The sun set and **twilight** fell.

  해가 지고 **황혼**이 왔다.

> **light**
> [lait]
> *n.* 빛, 등, 전깃불
▶
> **lightning**
> [láitniŋ]
> *n.* 번개, 번갯불

▶
> **enlighten**
> [inláitn]
> *v.* 계몽시키다
▶
> **enlightened**
> [inláitnd]
> *a.* 계몽된
> **enlightenment**
> [inláitnmənt]
> *n.* 계몽

▶
> **twilight**
> [twáilàit]
> *n.* 황혼

+혼동

> **light**
> [lait]
> *a.* 가벼운, 연한, 약한
▶
> **lightly**
> [láitli]
> *ad.* 가볍게, 약간

07

> ** **paste** [peist] *v.* 붙이다 *n.* 반죽, 풀

명사로서의 뜻 '반죽'에서 동사의 뜻 '붙이다'로 확대된 단어. pasta는 반죽해서 만든 국수에서 유래되었고, pastel은 색깔을 반죽에 섞은 후 굳혀 크레용으로 만드는 데서 유래되었다.

- A notice had been **pasted** to the door.

  문에 안내문이 **붙여져** 있었다.

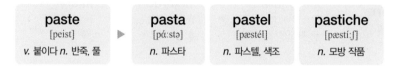

paste	**pasta**	**pastel**	**pastiche**
[peist]	[pάːstə]	[pæstél]	[pæstíːʃ]
v. 붙이다 *n.* 반죽, 풀	*n.* 파스타	*n.* 파스텔, 색조	*n.* 모방 작품

More Words
toothpaste [túːθpèist] *n.* 치약

08

> ** **dining** [dáiniŋ] *n.* 정찬, 식사

'식사[정찬]를 하다'라는 뜻의 dine에서 파생된 단어.

- This is one part of **dining** etiquette in Japan.

  이것은 일본의 **식사** 예절 중 한 부분이다.

dine	**dining**	**diner**
[dain]	[dáiniŋ]	[dáinər]
v. 식사[정찬]를 하다	*n.* 정찬, 식사	*n.* 작은 식당

dinner
[dínər]
n. 저녁식사

More Words
dining room 식당(방)
dining table 식탁

** injure [índʒər] v. 부상[상처]을 입다

법(jure)을 지키지 않는다(in)는 원래의 뜻이 확장되어 현재는 법을 어겨 피해를 보는 것을 표현하는 데서 유래.

• He fell and slightly **injured** his arm.

그는 넘어졌고 팔에 가벼운 **부상을 입었다**.

** overcrowding [òuvərkráudiŋ] n. 초만원, 과밀, 혼잡

'~이상'을 의미하는 over와 '군중, 가득 채우다'라는 뜻의 crowd가 결합하여 생긴 단어.

• We need to reduce **overcrowding** in the prison.

우리는 감옥의 **과밀**을 줄일 필요가 있다.

11

> ** **practical** [prǽktikəl] *a.* 실용적인, 실제적인

'연습하다'를 뜻하는 practice에서 파생되어 연습을 통해 이제 실제로 적용되는 것을 표현하는 데서 유래.

- We will provide financial and **practical** help for disabled students.
  우리는 재정적이고 **실용적인** 도움을 장애 학생들에게 제공할 것이다.

practice
[prǽktis]
v. 연습하다
n. 연습, 영업, 관습

▶ **practical**
[prǽktikəl]
a. 실용적인, 실제적인

▶ **practically**
[prǽktikəli]
ad. 사실상, 거의, 실제적으로

▼

impractical
[imprǽktikəl]
a. 터무니없는, 비현실적인

12

> ** **quit** [kwit] *v.* 그만두다, 포기하다

quit은 원뜻 '자유로운'이 확대되어 직장이나 속박으로부터 자유로와지는 데서 유래되었다. 또 quite는 완전히 자유로운 상태를 표현하여 나온 단어이고, quiet는 소음 등에서 자유로운 데서 유래된 것이다.

- He **quit** his job after just one month of working there.
  그는 그곳에서 딱 한 달 일한 후에 일을 **그만두었다**.

quit
자유로운

▶ **quit**
[kwit]
v. 그만두다, 포기하다

▶ **quite**
[kwait]
ad. 완전히, 꽤

quiet
[kwáiət]
a. 조용한

▶ **quietly**
[kwáiətli]
ad. 조용히

disquiet
[diskwáiət]
n. 불안, 동요

** polar [póulər] *a.* 극지의, 북극[남극]의

pole은 지구의 위아래 양쪽 중의 한쪽 끝이나 자석의 한쪽을 의미하여 '극'이라는 뜻이고, polar는 이 단어에서 형용사로 파생된 단어이다. 북극곰을 polar bear라고 하는 것은 이 동물이 오직 북극에만 살기 때문이다.

- Tom and Jane are good friends even though they're **polar opposites.**

  톰과 제인은 비록 **극과 극으로** 상반되지만 그들은 좋은 친구들이다.

pole		polar
[poul]	▷	[póulər]
n. (천체, 물리) 극		*a.* 극지의, 북극[남극]의

More Words

the positive[negative] pole 양[음]극

polar bear 북극곰

** discover [diskÁvər] *v.* 발견하다, 알아내다

덮은(cover) 것의 반대(dis)로 펼쳐내어 알게 되는 데서 유래.

- Before long more than 3,800 caves surrounding the city had been **discovered.**

  머지않아서 도시를 둘러싸고 있는 3,800개 이상의 동굴이 **발견되었다.**

cover		discover		discovery	discoverer
[kÁvər]	▷	[diskÁvər]	▷	[diskÁvəri]	[diskÁvərər]
v. 덮다, 다루다		*v.* 발견하다, 알아내다		*n.* 발견	*n.* 발견자
n. 덮개, 표지					

	recover		recovery
▷	[rikÁvər]	▷	[rikÁvəri]
	v. 회복하다, 되찾다		*n.* 회복

15

★★ **budget** [bʌ́dʒit] *n.* 예산

앞으로 사용하게 될 비용이 들어 있는 가방에서 유래.

- Roughly 50% of the annual education **budget** was spent on teachers' salaries.

  매년 대략 50%의 교육 **예산**이 교사들의 봉급으로 사용되었다.

| **bag** [bæg] *n.* 가방, 봉투 ▶ | **budget** [bʌ́dʒit] *n.* 예산 |

▶ **bulge** [bʌldʒ] *n.* 부풀어 오른 것

More Words

| **beyond one's budget** 예산을 넘는[초과하는]

16

★★ **delicious** [dilíʃəs] *a.* 맛있는

delicious는 냄새로 멀리(de) 끌고(lic) 오는 데서 유래되었고, delicate은 유혹에 쉽게 끌려오는 약한 마음에서 유래된 단어이다.

- "The soup was absolutely **delicious**," he said politely.

  "수프가 정말로 **맛있어요**"라고 그가 공손하게 말했다.

| **lic** 끌다 ▶ | **delicious** [dilíʃəs] *a.* 맛있는 ▶ | **deliciously** [dilíʃəsli] *ad.* 맛있게, 즐겁게 |

▶ **delicate** [délikət] *a.* 깨지기 쉬운, 섬세한, 미묘한 ▶ **delicately** [délikətli] *ad.* 섬세하게

17

★★★ edible [édəbl] *a.* 먹을 수 있는, 식용의

eat의 원형인 '먹다'라는 뜻을 지닌 ed(= ese) 뒤에 -ible(할 수 있는)이 결합된 단어.

● These plants are **edible**, but those ones are poisonous.

이 식물들은 **식용**이지만 그것들은 독성이 있다.

More Words

eat out 외식하다   eating out 외식

18

★★★ notorious [noutɔ́:riəs] *a.* 악명 높은

note의 '주목하다'라는 뜻에서 파생되어 안 좋은 쪽으로 주목되는 사람에서 유래.

● She is **notorious** for swearing profusely at work.

그녀는 직장 내에서 다른 사람들의 험담을 심하게 하기로 **악명이 높다**.

More Words

note-taking *n.* 필기

19

*** villain [vílən] *n.* 악당, 악인

villa에서 일하는 천한 사람이라는 뜻에서 파생되어 현재는 '천하고 나쁜 사람'이라는 뜻이 된 단어.

- She played the **villain** in most of her movies.
  그녀는 대부분의 영화에서 **악인**을 연기했다.

villa	village	villain
[vílə]	[vílidʒ]	[vílən]
n. 빌라, 별장	*n.* 마을	*n.* 악당, 악인

20

*** anxious [ǽŋkʃəs] *a.* 불안한

anxious는 마음속에 고통(anx)이 있는 상태를 표현하여 생겨난 단어이고, anger는 고통(ang)이 밖으로 분출되는 것을 표현하여 생긴 단어이다.

- She sometimes feels **anxious** and depressed.
  그녀는 때때로 **불안**감과 우울함을 느낀다.

More Words

be anxious about ~에 대하여 염려하다
be anxious for ~을 갈망하다
with anger 분노에 차서

소요시간 | 분

01

★ **depth** [depθ] *n.* 깊이

'깊은'이라는 뜻을 지닌 형용사 deep에서 명사로 파생된 단어.

- The **depth** of this pond in the backyard is about three meters.
  뒤뜰에 있는 이 연못의 **깊이**는 3미터 정도이다.

deep		deeply	deepen	depth
[diːp]	▶	[díːpli]	[díːpən]	[depθ]
a. 깊은		*ad.* 깊게	*v.* 깊어지다, 깊게 하다	*n.* 깊이

02

★ **width** [widθ] *n.* 너비[넓이], 폭

'넓은'이라는 뜻을 지닌 형용사 wide에서 명사로 파생된 단어.

- We carefully measured the length and **width** of the room.
  우리는 신중하게 그 방의 길이와 **너비**를 측정했다.

wide		widely	widen	width
[waid]	▶	[wáidli]	[wáidn]	[widθ]
a. 넓은, 다양한		*ad.* 널리	*v.* 넓히다, 커지다	*n.* 너비[넓이], 폭

03

⭐ **dish** [diʃ] *n.* 접시, 요리

dish는 둥그런 판을 가리키는 disk에서 파생되어 생긴 단어이고, desk는 무언가를 적는 판에서 현재 '책상'이 된 것이다.

● She piled all the **dishes** in the sink after dinner.

그녀는 저녁을 먹은 후 모든 **접시들**을 싱크대에 쌓아놓았다.

More Words

laptop (computer) 노트북

04

⭐ **happen** [hǽpən] *v.* 일어나다, 발생하다

'우연, 운'을 의미하는 hap에서 파생된 단어로 우연히 사건, 사고 등이 발생하는 데서 유래.

● When did the accident **happen**?

언제 사고가 **일어났었니**?

** **chill** [tʃil] *n.* 냉기, 한기 *v.* 차게 식히다

cold에서 파생되어 추운 상태를 표현하여 생긴 단어.

- ### Spoon the mixture into a bowl and **chill** for two hours.
  혼합물을 떠서 그릇에 넣고 2시간 동안 **차게** 식혀라.

cold
[kould]
a. 추운, 차가운, 냉담한

▶

coldly
[kóuldli]
ad. 차갑게, 냉담하게

cool
[ku:l]
a. 시원한, 멋진
v. 식히다

▶

chill
[tʃil]
n. 냉기, 한기
v. 차게 식히다

More Words

cool down 시원해지다

** **folk** [fouk] *a.* 민속의, 전통적인 *n.* (*pl.*) 일반적인 사람들

통기타를 치며 부르는 포크뮤직은 실제 영어의 folk music을 의미한다.

- ### We went on a field trip to the National **Folk** Museum.
  우리는 국립 **민속** 박물관으로 견학을 갔다.

folk
[fouk]
a. 민속의, 전통적인
n. (*pl.*) 일반적인 사람들

▶

folk tale
[fóuk tèil]
n. 민간설화

folklore
[fóuklɔ̀:r]
n. 민담, 민속

▶

folklorist
[fóuklɔ̀:rist]
n. 민속학자

07

** completely [kəmplíːtli] *ad.* 완전히, 전적으로

하나도 빠짐없이 전부(com) 채워(ple) 주는 데서 유래.

- The trip **completely** met all of my expectations.
  그 여행은 내 기대를 전부 **완전히** 충족시켰다.

08

** supply [səplái] *v.* 공급하다, 제공하다 *n.* 공급(품), 용품

빠진 부분을 밑(sup)에서부터 차례대로 채워(ple) 주는 데서 유래.

- An animal must depend upon plants for a continued oxygen **supply** for its respiration.
  동물은 호흡을 위한 계속적인 산소 **공급**을 위해 식물에 의존해야 한다.

More Words

school supplies 학용품

09

** energetic [ènərdʒétik] *a.* 열정적인, 힘이 넘치는

'활동하다'라는 뜻을 지닌 ergy에서 파생되어 안(en)에서 활동(ergy)하게 만드는 energy 가 나오게 되었다.

- She has an **energetic** personality.
  그녀는 **열정적인** 성격을 지니고 있다.

10

** vacuum [vǽkjuəm] *n.* 진공, 공백 (상태) *v.* 진공청소기로 청소하다

'빈'이라는 뜻의 vac에서 파생된 단어.

- Her death left a **vacuum** in his life.
  그녀의 죽음은 그의 삶에 **공백**을 남겼다.

| **More Words**
| **vacuum cleaner** 진공청소기

11

** **wicked** [wíkid] *a.* 사악한

'마녀'를 의미하는 witch에서 변형되어 마녀의 성격을 형용사로 표현한 단어.

• She acted the part of the **wicked** stepmother.

그녀는 **사악한** 계모 역을 연기했다.

12

** **attach** [ətǽtʃ] *v.* 붙이다, 첨부하다

'붙이다'라는 뜻이었던 tach에 방향을 의미하는 at가 붙어서 생긴 단어.

• Please **attach** your photograph to the application form.

당신의 사진을 신청서에 **붙여주세요.**

★★ awful [ɔ́ːfəl] a. 끔찍한

신에 대한 '두려움, 경외'를 의미하는 awe에서 파생된 awful은 공포를 일으킬 정도로 참혹한 것을 표현하는 단어이고, awesome은 신에 대한 놀라움이나 신의 웅장함을 표현하여 생기게 되었다.

- This food tasted **awful**.

  이 음식의 맛은 **끔찍했다**.

★★ unbiased [ʌnbáiəst] a. 편견이 없는

'편견'을 의미하는 bias에 '부정'을 의미하는 un이 결합하여 생긴 단어.

- We provide a service that is balanced and **unbiased**.

  우리는 균형이 있고 **편견이 없는** 서비스를 제공한다.

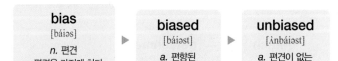

More Words

biased against ~에 대해 편견을 가진

gender-biased a. 성차별적인

15

** emphasize [émfəsàiz] *v.* 강조하다

안(em)의 핵심적인 부분을 보여주며(pha) 나타내는 데서 유래.

- They **emphasized** the importance of learning foreign languages.

  그들은 외국어 학습의 중요성을 **강조했다.**

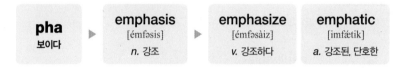

| **pha**
보이다 | ▶ | **emphasis**
[émfəsis]
n. 강조 | ▶ | **emphasize**
[émfəsàiz]
v. 강조하다 | **emphatic**
[imfǽtik]
a. 강조된, 단호한 |

16

** typical [típikəl] *a.* 전형적인, 보통인

'유형, 종류'를 의미하는 type에서 형용사로 파생된 단어.

- This ad is a **typical** example of their marketing strategy.

  이 광고는 그들의 마케팅 전략의 **전형적인** 본보기이다.

| **type**
[taip]
n. 유형, 종류
v. 타자를 치다 | ▶ | **typing**
[táipiŋ]
n. 타자 치기 | **typical**
[típikəl]
a. 전형적인, 보통인 | ▶ | **typically**
[típikəli]
ad. 전형적으로, 보통 |

More Words

on a typical day 일상적으로

*** peninsula [pənínsjulə] *n.* 반도

라틴어로 '섬'을 의미했던 insula와 '거의'라는 뜻을 지녔던 pen이 합쳐져 거의 섬 같은 '반도'라는 뜻이 된 단어.

- Korea is located on a **peninsula** at the eastern edge of the Asian landmass.

  한국은 아시아 대륙 동쪽 끝의 **반도**에 위치한다.

*** anchor [ǽŋkər] *v.* 고정시키다, 묶어두다 *n.* 닻

'구부리다'라는 뜻의 anch(= ank, ang)에서 파생되어 구부러진 형태를 지니고 있는 배의 '닻'을 뜻하게 되었고, 그 후 동사의 뜻으로도 확장되어 쓰이게 되었다.

- The frame should be securely **anchored** to the wall.

  액자를 벽에 단단히 **고정시켜야** 한다.

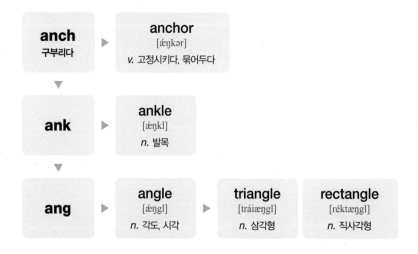

19

*** candid [kǽndid] *a.* 정직한, 솔직한

candid는 거짓 없는 하얀(cand) 마음을 지녔기에 솔직하게 말하는 것을 표현하여 생긴 단어이고, candle은 어두운 곳을 하얗게 밝혀준다는 의미로 생겨난 단어이다.

• We have had **candid** talks about the current crisis.

우리는 현재의 위기에 대하여 **솔직한** 대화를 가졌다.

| cand
하얀 | candid
[kǽndid]
a. 정직한, 솔직한 | candidly
[kǽndidli]
ad. 솔직히 | candidate
[kǽndidèit]
n. 후보자, 지원자 | candidacy
[kǽndidəsi]
n. 출마, 입후보 |
| candle
[kǽndl]
n. 양초 |

20

*** discipline [dísəplin] *n.* 훈련, 절제 *v.* 단련[훈련]하다

disciple은 스승의 가르침을 따로따로(dis) 붙잡는 사람을 의미하여 '제자'라는 의미가 되었고, 이 단어에서 파생된 discipline은 제자들이 받고 견뎌야 하는 것을 표현하여 생긴 단어이다.

• We had to be **disciplined** severely.

우리는 호되게 **훈련을 받아야**만 했다.

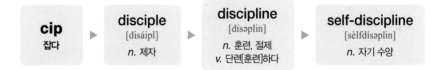

| cip
잡다 | disciple
[disáipl]
n. 제자 | discipline
[dísəplin]
n. 훈련, 절제
v. 단련[훈련]하다 | self-discipline
[sèlfdísəplin]
n. 자기 수양 |

소요시간 | 분

01

> ★ **costly** [kɔ́:stli] *a.* 값비싼, 비용이 많이 드는

cost의 '비용'이라는 뜻에서 형용사로 파생된 단어.

● I think it would be too **costly** to build a new school.
새로운 학교를 짓는 것은 **비용이** 너무 **많이 들**것 같다.

cost
[kɔ:st]
n. 비용
v. 비용이 들다[들게 하다]

costly
[kɔ́:stli]
a. 값비싼, 비용이 많이 드는

02

> ★ **illness** [ílnis] *n.* 질병, 아픔

'아픈, 나쁜'이라는 뜻의 ill에서 명사로 파생된 단어.

● He got a serious **illness**.
그는 심각한 **질병**[중병]에 걸렸다.

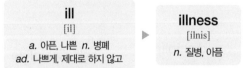

ill
[il]
a. 아픈, 나쁜 *n.* 병폐
ad. 나쁘게, 제대로 하지 않고

illness
[ílnis]
n. 질병, 아픔

More Words

social[economic] ills 사회적[경제적] 병폐

★ **balance** [bǽləns] *n.* 균형 *v.* 균형을 이루다

'2개(ba)의 접시(lance)'라는 원뜻을 통해 양쪽에 접시를 놓고 저울로 사용하여 한쪽으로 치우치지 않는 것을 표현하는 데서 유래된 단어.

• She lost her **balance** and fell off the bike.

그녀는 **균형**을 잃었고 자전거에서 떨어졌다.

lance 접시 ▶ **balance** [bǽləns] *n.* 균형 *v.* 균형을 이루다 ▶ **balanced** [bǽlənst] *a.* 균형 잡힌, 균형 있는 ▶ **unbalanced** [ʌ̀nbǽlənst] *a.* 불균형한

★ **fate** [feit] *n.* 운명

'말하다'라는 뜻을 지녔던 fa에서 파생되어 사람의 인생은 신이 말하는(fa) 것에 정해져 있다고 하여 '운명'이라는 뜻이 된 단어.

• We are now worried about the **fate** of the people.

우리는 현재 그 국민들의 **운명**에 대해 걱정하고 있다.

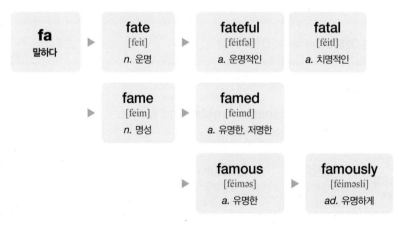

fa 말하다 ▶ **fate** [feit] *n.* 운명 ▶ **fateful** [féitfəl] *a.* 운명적인 **fatal** [féitl] *a.* 치명적인

▶ **fame** [feim] *n.* 명성 ▶ **famed** [feimd] *a.* 유명한, 저명한

▶ **famous** [féiməs] *a.* 유명한 ▶ **famously** [féiməsli] *ad.* 유명하게

＋혼동

famine [fǽmin] *n.* 기근

** confess [kənfés] v. 고백[자백]하다

앞에서 배운 fa가 확장되어 fess가 만들어졌고 뜻도 '말하다'로 동일했다. 그 후 con이 붙은 confess는 자신의 죄를 완전히(con) 다 말한다(fess)고 하여 '고백[자백]하다'라는 뜻이 된 것이다.

- Today I will **confess** my feelings about her.
  오늘 나는 그녀에 대한 나의 감정을 **고백할** 것이다.

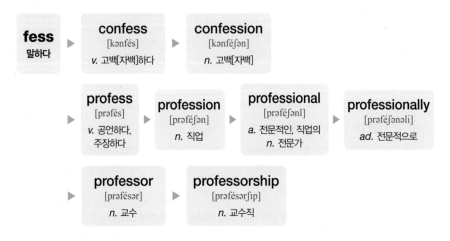

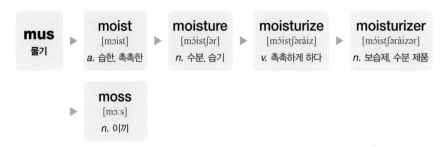

** moist [mɔist] a. 습한, 촉촉한

과거 '물기'를 의미했던 mus에서 유래되어 물기가 있는 상태를 표현하여 생긴 단어.

- Jane loves cookies that are **moist** and sweet.
  제인은 **촉촉하고** 달콤한 쿠키를 아주 좋아한다.

07

> ★★ **mineral** [mínərəl] *n.* 광물(질)

광부(miner)가 광산(mine)에서 캐낸 것에서 유래.

- The area is very rich in **minerals**.

  이 지역은 **광물**이 매우 풍부하다.

| **mine**
[main]
n. 광산
v. 채굴하다, 지뢰를 심다 | ▶ | **mining**
[máiniŋ]
n. 채굴, 광업 | **miner**
[máinər]
n. 광부 | **mineral**
[mínərəl]
n. 광물(질) |

08

> ★★ **loan** [loun] *n.* 대출(금) *v.* 대출하다, 빌려주다

'빌려주다'라는 뜻의 lend에서 파생되어 빌려주는 돈을 뜻한 데서 유래.

- He took out a **loan** to buy his house.

  그는 집을 사기 위해 **대출**을 했다.

| **lend**
[lend]
v. 빌려주다, 제공하다 | ▶ | **loan**
[loun]
n. 대출(금)
v. 대출하다, 빌려주다 |

More Words

lend a helping hand 남을 돕다
lending period 대여 기간
moneylender [mʌnilèndər] *n.* 대금업자

◆혼동

borrow [bárou] *v.* 빌리다

rent [rent] *n.* 임대 *v.* 임대하다, 빌리다

** dramatic [drəmǽtik] *a.* 극적인

dramatic은 '희곡, 극적 상황'을 의미하는 drama에서 파생된 단어이고, melodrama는 'melody + drama'에서 나온 것으로 중간중간 노래를 삽입하는 희곡에서 유래된 것이다.

- My dad and grandpa noticed **dramatic** changes in their community.

  나의 아버지와 할아버지는 그들의 지역사회 내에서의 **극적인** 변화들을 알아차렸다.

** celebrate [sélɪbrèit] *v.* 축하하다, 기념하다

celebrate는 '가득한'이라는 뜻을 지닌 celebr에서 파생되어 사람들이 가득 모여 행사를 하는 데서 '축하하다, 기념하다'를 뜻하게 되었고, celebrity는 사람들을 가득 모이게 만드는 '유명인'이라는 뜻이 되었다.

- We're going out for dinner to **celebrate** his birthday.

  우리는 그의 생일을 **축하하기** 위해 저녁 외식을 하러 간다.

11

** mechanical [məkǽnikəl] *a.* 기계의, 기계로 작동하는

'기계'를 의미하는 machine에서 변형되어 파생된 단어.

● The flight has been cancelled because of **mechanical** failure.
기계의 결함 때문에 비행이 취소되었다.

More Words

copy machine 복사기
washing machine 세탁기
vending machine 자판기
mechanical pencil 샤프펜슬

12

** equipment [ikwípmənt] *n.* 장비, 도구, 용구

'장비를 갖추다'라는 뜻의 equip에서 파생된 단어. equip 또한 실제 '배'를 의미하는 ship
에서 파생된 단어로 출항하기 전 배에 필요한 용품들을 채우고 갖추는 데서 생겨난 단어
이다.

● The first piece of sports **equipment** that he invented was the ball.
그가 발명한 첫 번째 스포츠 **용구**는 공이었다.

13

** plate [pleit] *n.* 판, 접시, 음식

'평평한'이라는 뜻을 지녔던 pla에서 파생된 단어.

- They think clearing a **plate** is a rude behavior.
  그들은 **접시**를 깨끗이 비우는 것을 무례한 행위라고 생각한다.

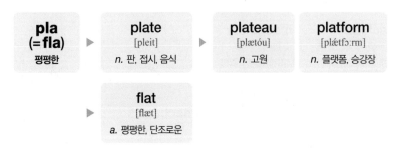

More Words

flat feet 평발
flat tire 바람 빠진 타이어
mud flat 갯벌

14

** embolden [imbóuldən] *v.* 대담하게 만들다

bold의 '대담한'이라는 뜻에서 파생되어 동사로 사용하게 된 단어.

- **Emboldened** by her smile, he worked up the courage to speak to her.
  그녀의 미소에 **대담해진** 그가 그녀에게 말을 걸 용기를 냈다.

15

** corporation [kɔ̀ːrpəréiʃən] *n.* 기업, 회사

'몸, 단체'를 의미했던 corp에서 파생되어 사람들끼리 모여 하나의 단체를 이루는 '기업' 이라는 뜻이 된 단어.

- He works for a large tobacco **corporation**.

  그는 큰 담배 **회사**에서 일한다.

16

** entitle [intáitl] *v.* ~에게 권리[자격]를 주다

title의 '권리'라는 뜻에서 동사로 파생된 단어.

- The membership card **entitles** you to buy season tickets.

  그 회원카드는 너에게 시즌 티켓을 살 수 있는 **권리를 준다**.

17

★★★ fascinate [fǽsənèit] v. 흥미를 끌다, 매료시키다

과거 '주문, 주술'을 의미했던 fascin에서 파생되어 주문을 통해 사람의 마음을 빼앗는 데서 유래.

- Traveling alone has always **fascinated** me.
  혼자 여행하는 것은 언제나 나를 **매혹시켰다**.

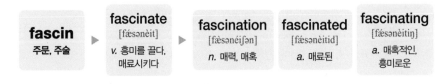

18

★★★ archaeology [à:rkiάlədʒi] n. 고고학

'고대의'라는 뜻을 지닌 archae에서 파생되어 오랫동안 남겨진 것들을 연구하고 배우는 학문에서 유래.

- She wants to learn everything she can about **archaeology**.
  그녀는 **고고학**에 관련되어 그녀가 배울 수 있는 모든 것을 배우고 싶어 한다.

19

*** carbon dioxide [kάːrbən daiάksaid] *n.* 이산화탄소

과거 화학의 '산(酸)'을 의미했던 oxy와 화합물 접미사 -ide가 붙어 oxide는 '산화물'을 뜻하게 되었고, 그 후 그리스어로 '둘'을 의미하는 di가 붙어 '이산화물'로 쓰이게 되었다. 여기에 하나의 탄소(carbon)가 결합되어 '이산화탄소'를 뜻하는 carbon dioxide가 생기게 된 것이다.

● **Carbon dioxide** has become a big problem for everyone on Earth.
이산화탄소는 지구의 모든 사람들에게 큰 문제가 되었다.

More Words

nitrogen [nάitrədʒən] *n.* 질소
hydrogen [hάidrədʒən] *n.* 수소

20

*** neutral [njúːtrəl] *a.* 중성의, 중립적인, 무색의

'거세하다'라는 뜻을 지닌 neuter에서 파생된 단어.

● Switzerland remained **neutral** during the Second World War.
스위스는 제2차 세계대전 동안 **중립**을 유지했다.

01

> ★ **choir** [kwaiər] *n.* 합창단, 성가대

'합창'을 의미하는 chorus에서 파생된 단어.

- James joined a school **choir** at the age of nine.

  제임스는 아홉 살에 학교 **합창단**에 들어갔다.

chorus		choral		choir
[kɔ́:rəs]	▶	[kɔ́:rəl]		[kwaiər]
n. 합창		*a.* 합창의		*n.* 합창단, 성가대

+혼동

chore [tʃɔ:r] *n.* 허드렛일, 집안일

02

> ★ **fantastic** [fæntǽstik] *a.* 환상적인

'환상'을 의미하는 fantasy에서 형용사로 파생된 단어.

- Your house is really **fantastic** and beautiful!

  너의 집은 정말 **환상적**이고 아름답다!

fantasy		fantastic		fantastically
[fǽntəsi]	▶	[fæntǽstik]	▶	[fæntǽstikəli]
n. 환상, 공상		*a.* 환상적인		*ad.* 환상적으로

		fancy	
	▶	[fǽnsi]	
		a. 멋진, 화려한	

03

> ★ **owner** [óunər] *n.* 소유자, 주인

own의 동사로서의 뜻인 '소유하다'에서 파생된 단어.

- The **owner** warned him to stop making noise.
  주인은 그에게 그만 떠들라고 경고했다.

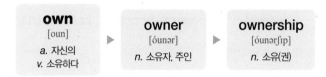

More Words

on one's own 스스로

04

> ★ **shorten** [ʃɔ́ːrtn] *v.* 짧게 하다, 단축하다

'짧은'이라는 뜻을 지닌 short에서 동사로 파생된 단어.

- We need to get this interview **shortened**.
  우리는 이 인터뷰를 **짧게 줄여야** 한다.

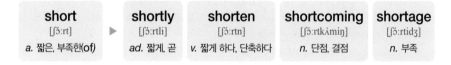

More Words

in short 요약하자면, 간단히 말해서
for short 줄여서, 요약해서

05

** dishearten [dishá:rtn] v. 낙심시키다

'용기[기운]를 북돋우다'라는 뜻의 hearten에 '부정'을 의미하는 dis가 붙어 생긴 단어.

• She was **disheartened** at the bad news.

그녀는 나쁜 소식에 **낙심했다**.

More Words
by heart 외워서, 기억하여

06

** veteran [vétərən] n. 참전용사, 베테랑 a. 베테랑의

veteran은 '오래된'이라는 뜻을 지녔던 veter에서 파생되어 경험이 많은 사람이나 군인을 표현하는 데서 유래되었고, veterinary는 동물에 관해 오랜 경험이 있는 사람을 표현하여 '수의사의'라는 형용사로 쓰이게 되었다.

• He is a **veteran** of the 1st Gulf War.

그는 제1차 걸프전쟁의 **참전용사**이다.

More Words
veterinary clinic 가축[동물]병원(= animal hospital)

07

** population [pÀpjuléiʃən] n. 인구

과거 '사람들'을 의미하던 popule(= people)에서 파생되어 생겨난 단어.

- The **population** in this city has been going down for years.

  이 도시의 **인구**는 수년 동안 감소하고 있다.

popule 사람들	populous [pápjuləs] a. 인구가 많은	populate [pápjulèit] v. 살다, 거주하다	population [pàpjuléiʃən] n. 인구
	popular [pápjulər] a. 인기 있는, 대중적인	popularly [pápjulərli] ad. 대중적으로	popularity [pàpjulǽrəti] n. 인기, 대중성
	unpopular [ʌnpápjulər] a. 인기 없는	unpopularly [ʌnpápjulərli] ad. 인기 없이	

08

** public [pÁblik] a. 공공의, 공립의, 공공연한 n. (the) 대중, 일반인들

다른 나라에서 '사람들'을 의미하던 puble에 -ic가 붙어 만들어진 단어로 모든 사람들이 속해 있는 것을 표현하는 데서 유래.

- There was a lot of greed behind the **public** scandals.

  공공연한 스캔들 뒤에는 엄청난 탐욕이 숨어 있다.

popule 사람들	public [pÁblik] a. 공공의, 공립의, 공공연한 n. (the) 대중, 일반인들	publicly [pÁblikli] ad. 공개적으로	publicity [pʌblísəti] n. 홍보, 매스컴의 관심
	republic [ripÁblik] n. 공화국	republican [ripÁblikən] n. 공화주의자 a. 공화국의	
	publish [pÁbliʃ] v. 발행하다, 출판하다	publisher [pÁbliʃər] n. 출판사, 출판인	publishing [pÁbliʃiŋ] n. 출판[발행]

09

> ★★ **annoy** [ənɔ́i] v. 짜증나게 하다, 귀찮게 하다

누군가를 향해(an) 짜증(noy)이 나게 만드는 데서 유래.

- He really **annoyed** me with his stupid mistakes.
  그의 멍청한 실수가 나를 정말 **짜증나게 했다**.

| **noy**
짜증 | ▶ | **annoy**
[ənɔ́i]
v. 짜증나게[귀찮게] 하다 | ▶ | **annoyed**
[ənɔ́id]
a. 짜증난, 화난 | **annoying**
[ənɔ́iiŋ]
a. 짜증나게 하는 | **annoyance**
[ənɔ́iəns]
n. 짜증, 불쾌함 |

10

> ★★ **guilty** [gílti] a. 유죄의, 죄책감이 있는

'유죄, 죄책감'을 의미하는 guilt에서 형용사로 파생된 단어.

- We felt **guilty** at forgetting his birthday party.
  우리는 그의 생일파티를 잊어버린 것에 대해 **죄책감**을 느꼈다.

| **guilt**
[gilt]
n. 유죄, 죄책감 | ▶ | **guilty**
[gílti]
a. 유죄의, 죄책감이 있는 | **guiltless**
[gíltlis]
a. 죄 없는, ~이 없는(of) |

11

> ** **shout** [ʃaut] *v.* 소리치다 *n.* 외침

'쏘다'라는 뜻을 지닌 shoot에서 파생되어 목에서 큰 소리를 내는 데서 유래.

- I wish you'd stop **shouting** at me.
  나는 네가 나에게 **소리치는** 것을 멈췄으면 좋겠어.

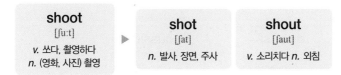

More Words

shoot for ~을 목표로 하다
shoot up 급증하다
shooting place 촬영 장소
shooting star 유성, 별동별

12

> ** **athlete** [ǽθliːt] *n.* 운동선수, 육상선수

그리스어로 '대회'를 의미했던 athlos에서 파생되어 '대회에 참여하는 사람(ete)'을 의미하게 된 단어.

- She was a natural **athlete** as a child.
  그녀는 어릴 때 타고난 **운동선수**였다.

13

** discuss [diskʌ́s] v. 토론[논의]하다

'따로따로(dis) 잘게 쳐부수다(cuss)'라는 뜻에서 유래되어 현재는 한 주제에 대해 나누어 보는 것을 의미하여 '토론[논의]하다'를 뜻하게 된 단어

- She held a meeting to **discuss** the future of the company.
  그녀는 회사의 미래를 **논의하기** 위해 회의를 열었다.

cuss 치다	▶	discuss [diskʌ́s] v. 토론[논의]하다	▶	discussion [diskʌ́ʃən] n. 토론, 논의
	▶	percussion [pərkʌ́ʃən] n. 타악기	▶	percussional [pərkʌ́ʃənl] a. 타악기의

14

** craftsman [krǽftsmən] n. 장인, 공예가

'공예품(craft)을 만드는 사람(man)'을 의미해서 생겨난 단어.

- The **craftsman** will engrave his name on his little piece of art.
  공예가는 그의 작품의 작은 부분에 이름을 새길 것이다.

craft [kræft] n. 솜씨, 기술, 공예(품)	▶	crafted [krǽftid] a. 정교한	craftsman [krǽftsmən] n. 장인, 공예가
	▶	aircraft [ɛ́ərkræ̀ft] n. 비행기	spacecraft [spéiskræ̀ft] n. 우주선

15

** simply [símpli] *ad.* 간단히, 단순히, 아주

형용사 simple에서 부사로 파생된 단어.

- Perhaps your friend's judgment is **<u>simply</u>** unfair.
  어쩌면 네 친구의 판단이 **단순히** 불공정한 것인지도 모른다.

simple
[símpl]
a. 간단한, 단순한, 소박한

▶

simply
[símpli]
ad. 간단히, 단순히, 아주

simplicity
[simplísəti]
n. 간단함, 단순함

▶

simplify
[símpləfài]
v. 단순화 하다

▶

simplification
[sìmpləfikéiʃən]
n. 단순화

16

** complicated [kámpləkèitid] *a.* 복잡한

여러 가지 것들을 함께(com) 접어서(plic) 알 수 없게 만드는 데서 유래.

- The affair has become too **complicated** for us to manage.
  그 사건은 너무 **복잡하게** 얽혀서 우리가 처리할 수 없다.

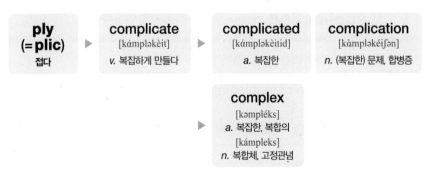

**ply
(=plic)**
접다

▶

complicate
[kámpləkèit]
v. 복잡하게 만들다

▶

complicated
[kámpləkèitid]
a. 복잡한

complication
[kàmpləkéiʃən]
n. (복잡한) 문제, 합병증

▶

complex
[kəmpléks]
a. 복잡한, 복합의
[kámpleks]
n. 복합체, 고정관념

| **More Words**
inferiority complex 열등감

★★★ implicit [implísit] *a.* 암시된

말이나 내용 속에 어떠한 숨겨진 내용이 안(im)에 접혀(ply = plic) 있음을 의미하여 생겨난 단어.

- She interpreted our words as an **implicit** criticism of the government.

  그녀는 우리의 말을 정부에 대한 **암묵적인** 비판으로 해석했다.

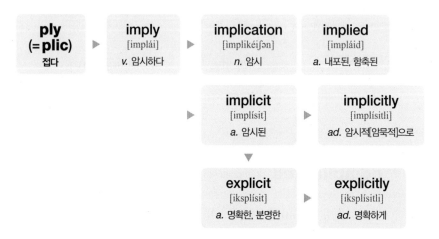

★★★ application [æpləkéiʃən] *n.* 적용, 지원(서), 바름

~한 쪽(ap)으로 접히며(ply = plic) 들어가는 데서 유래.

- The **application** of mathematics to art is essential to achieve true beauty.

  수학을 예술에 **적용**시키는 것은 진정한 아름다움을 성취하는 데 필수적이다.

19

*** accumulate [əkjúːmjulèit] *v.* 축적하다, 모으다

~한 쪽(ac)에 쌓는(cumul) 데서 유래.

- The nation should **accumulate** technology and experience in this process.

  국가는 이러한 과정을 통해 기술과 경험을 **축적해야** 한다.

| cumul
쌓다 | ▶ | accumulate
[əkjúːmjulèit]
v. 축적하다, 모으다 | ▶ | accumulation
[əkjùːmjuléiʃən]
n. 축적 | accumulative
[əkjúːmjulèitiv]
a. 누적되는 |

20

*** wrinkle [ríŋkl] *n.* 주름 *v.* 주름지다

'구부리다'라는 뜻을 지닌 wri에서 파생되어 얼굴이 구부러지는 데서 유래. wrong도 맞지 않게 구부러져 있는 데서 '틀린'이라는 뜻이 된 단어이다.

- My grandfather's face was a mass of **wrinkles**.

  내 할아버지의 얼굴은 **주름**으로 가득했다.

| wri
구부리다 | ▶ | wrinkle
[ríŋkl]
n. 주름 *v.* 주름지다 | wring
[riŋ]
v. 비틀다, 짜다 |
| | ▶ | wrong
[rɔːŋ]
a. 틀린, 잘못된, 나쁜 | wrath
[ræθ]
n. 격노 |

01

> ★ **familiar** [fəmíljər] *a.* 익숙한, 친숙한(with, to)

가족(family)처럼 가까운 것을 표현하는 데서 유래.

- For the most part, we like things that are **familiar** to us.
  대체로 우리는 우리에게 **친숙한** 것들을 좋아한다.

| family [fǽməli] *n.* 가족 | ▶ | familiar [fəmíljər] *a.* 익숙한, 친숙한(with, to) | ▶ | familiarly [fəmíljərli] *ad.* 친숙[친밀]하게 |

unfamiliar [ʌ̀nfəmíljər] *a.* 익숙[친숙]하지 않은(with, to)

02

> ★ **oily** [ɔ́ili] *a.* 기름진, 지성의

'석유, 기름'을 의미하는 oil에서 파생된 단어.

- **Oily** fish such as mackerel are rich in protein.
  고등어 같은 **기름진** 생선은 단백질이 풍부하다.

| oil [ɔil] *n.* 석유, 기름, (*pl.*) 유화 | ▶ | oil-free *a.* 기름 성분이 없는 | oily [ɔ́ili] *a.* 기름진, 지성의 |

03

★ **wireless** [wáiərlis] *a.* 무선의

선(wire)이 없는(less) 데서 유래.

- She is looking for a **wireless** controller to play the video game.
  그녀는 비디오 게임을 하기 위해 **무선** 조종기를 찾고 있다.

| wire
[wáiər]
n. 선, 철사
v. 전송[연결]하다 | ▶ | wireless
[wáiərlis]
a. 무선의 | wiry
[wáiəri]
a. 철사의, 마르고 강인한 |

04

★ **helpless** [hélplis] *a.* 무력한

도울(help) 수 없는(less) 데서 유래.

- Humans are **helpless** against the power of nature.
  인간은 자연의 힘 앞에 **무력하다**.

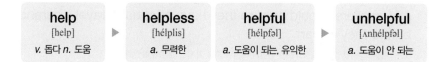

| help
[help]
v. 돕다 *n.* 도움 | ▶ | helpless
[hélplis]
a. 무력한 | helpful
[hélpfəl]
a. 도움이 되는, 유익한 | ▶ | unhelpful
[ʌnhélpfəl]
a. 도움이 안 되는 |

05

> ** **wrap** [ræp] *v.* 싸다, (옷 등을) 두르다 *n.* 비닐 랩

음식을 포장할 때 쓰는 비닐로 된 랩이 바로 wrap이다.

- She **wrapped** a thick scarf around her neck.

  그녀는 두꺼운 스카프를 목에 **둘렀다**.

wrap
[ræp]
v. 싸다, 두르다
n. 비닐 랩

▶

wrapper
[ræpər]
n. 포장지

unwrap
[ʌnræp]
v. 풀다, 끄르다

| More Words
| **wrap up** 마무리하다

06

> ** **ensure** [inʃúər] *v.* 보장하다, 확실하게 하다

확실하게(sure) 만드는(en) 데서 유래.

- All travellers should **ensure** they have adequate travel insurance before they depart.

  모든 여행자들은 출발하기 전 그들이 적절한 여행 보험을 가지고 있는지 **확인해야** 한다.

sure
[ʃuər]
a. 확실한

▶

surely
[ʃúərli]
ad. 확실하게

unsure
[ʌnʃúər]
a. 확신하지 못하는

▶

ensure
[inʃúər]
v. 보장하다, 확실하게 하다

insure
[inʃúər]
v. 보험을 들다

▶

insurance
[inʃúərəns]
n. 보험

| More Words
| **for sure** 틀림없이, 확실히

07

** facility [fəsíləti] n. 재능, 시설

어떠한 일이든 어렵지 않게 하는(fac) 것을 표현하여 생겨난 단어.

- Enhanced **facilities** in rural areas can foster a more productive workforce.
  시골 지역의 **시설들**이 개선되면 보다 생산적인 인력을 육성할 수 있다.

08

** frequent [frí:kwənt] a. 잦은, 빈번한

'가득한'이라는 뜻을 지녔던 frequ에서 파생되어 안에 가득히 있기에 멈추지 않고 계속 새어나오는 데서 유래.

- Rain is **frequent** at this time of the year.
  해마다 이맘때면 비가 **빈번하다**.

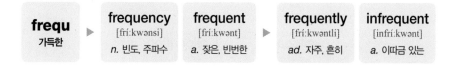

More Words

FAQ(= Frequently Asked Questions) 자주 묻는 질문

09

★★ local [lóukəl] *a.* 장소의, 지방[지역]의 *n.* 현지인

'장소'를 의미하는 loc에서 파생된 단어.

- **Each province has its own specialties made from local produce.**
  각 지방에는 **지역** 특산물로 만들어진 고유의 특별 요리가 있다.

10

★★ allocate [ǽləkèit] *v.* 할당[배치]하다

필요한 장소(loc)에 알맞게 놓는 데서 유래.

- **All the money from his business was allocated for disaster relief.**
  그의 사업에서 나온 모든 돈은 재난구조에 **할당되었다.**

11

** endure [indʒúər] *v.* 참다, 견디다

안(en)을 더욱 단단하게(dure) 만드는 데서 유래.

- She's already had to **endure** three painful operations on her leg.

  그녀는 이미 세 번의 고통스런 다리 수술을 **견뎌야** 했다.

12

** exhaust [igzɔ́:st] *v.* 지치게 하다 *n.* 배기가스

안에 있는 것을 전부 밖(ex)으로 끌고(haust) 나오는 데서 유래.

- The long journey **exhausted** the children.

  오랜 여행은 아이들을 **지치게 했다**.

13

** poverty [pávərti] *n.* 가난, 빈곤

가난한(pover = poor) 상태(ty)를 표현하는 데서 유래.

- Two million people in the city live in extreme **poverty**.

  그 도시 인구 중 2백만은 극도로 **빈곤**한 상태로 살아간다.

pover
(= poor)
[puər]
a. 가난한, 서투른

▶

poverty
[pávərti]
n. 가난, 빈곤

impoverish
[impávəriʃ]
v. 빈곤하게 하다

poorly
[púərli]
ad. 가난하게, 엉망으로

14

** charity [tʃǽrəti] *n.* 관용, 자선(단체)

불쌍한 사람을 소중하게(cher, char) 다루고 도와주는 데서 유래.

- Proceeds from the sale of these cards will go to local **charities**.

  이 카드들의 판매 수익금은 지방 **자선단체**로 가게 될 것이다.

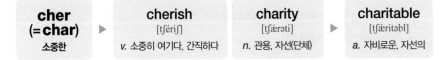

cher
(= char)
소중한

▶

cherish
[tʃériʃ]
v. 소중히 여기다, 간직하다

charity
[tʃǽrəti]
n. 관용, 자선(단체)

▶

charitable
[tʃǽritəbl]
a. 자비로운, 자선의

15

★★ digest [didʒést, dai-] *v.* 소화시키다 *n.* 요약

따로따로(di) 분리하며 입 속으로 옮겨지는(gest) 데서 유래.

- Older people cannot **digest** rice cakes very easily.
  노인들은 떡을 아주 쉽게 **소화시키기** 어렵다.

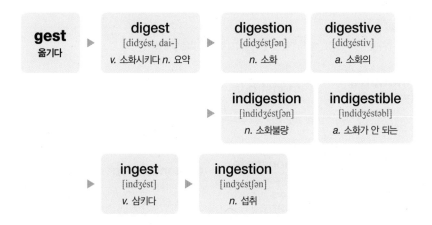

16

★★ suggest [səgdʒést] *v.* 제시하다, 암시하다

자신의 의견을 다른 사람에게 밑으로(sug) 슬쩍 옮겨(gest) 놓는 데서 유래.

- These facts **suggest** the possibility that ability depends heavily on genetics.
  이러한 사실은 재능이 주로 유전에 따라 좌우될 가능성이 있음을 **암시한다**.

*** demonstrate [démənstrèit] v. 보여주다, 입증하다, 시위를 하다

demonstrate는 확실(de)하게 사람들에게 보여준다는(monstre) 의미에서 생겨난 단어이고, monster(=monstre)는 '보이다'라는 원래의 뜻에서 확장되어 안 좋게 보이는 외모를 의미하여 '괴물'로 쓰이고 있다.

- **Follow-up research demonstrated that voters did not realize their bias.**

  후속 연구는 투표자들이 그들의 편견을 알아차리지 못했던 것을 **입증했다.**

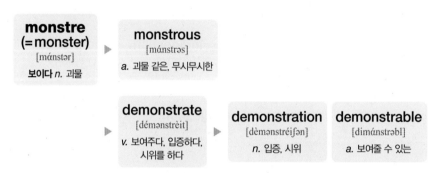

*** appreciate [əprí:ʃièit] v. 감지[감상]하다, 가치를 인정하다, 감사하다

상대방 쪽에(ap) 있는 물건을 보고 평가(preci)를 하는 데서 유래되었고, 또 그 가치를 좋게 평가하여 고마워하는 의미도 추가적으로 생겨난 단어.

- **We really appreciate all the help you've given us.**

  당신의 모든 도움에 대단히 **감사합니다.**

19

*** unanimous [juːnǽnəməs] *a.* 만장일치의

'하나'를 의미하는 uni와 '마음, 영혼'을 의미하는 anim이 합쳐져서 생겨난 단어.

- They were **unanimous** in finding him guilty.
  그들은 **만장일치로** 그가 유죄임을 판결했다.

20

*** miserable [mízərəbl] *a.* 비참한, 불쌍한

miser는 과거 '불쌍한 사람'을 의미하던 단어였고 현재는 '구두쇠'로 사용되는 단어이다. 그래서 miserable은 '비참한, 불쌍한'을 뜻하게 되었고, 프랑스 소설인 《레미제라블 (le miserable)》은 '불쌍한 사람이나 남자(le)'를 뜻한다.

- He knows how to make life **miserable** for his employees.
  그는 어떻게 하면 직원들을 살기 **비참하게** 만드는 줄 안다.

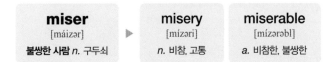

01

★ **jealousy** [dʒéləsi] *n.* 질투, 시기

남에게 지지 않으려는 과도한 열정(jeal)에서 유래.

● **Jealousy** drove her to commit the crime.
  질투로 그녀는 범행을 저질렀다.

| **jeal**
열정 | **jealous**
[dʒéləs]
a. 질투하는, 시기하는 | **jealousy**
[dʒéləsi]
n. 질투, 시기 | **jealously**
[dʒéləsli]
ad. 질투하여 |

02

★ **deal** [di:l] *n.* 거래 *v.* 처리하다, 다루다(with)

● He **dealt** with several issues concurrently.
  그는 여러 개의 안건을 동시에 **처리했다.**

| **deal**
[di:l]
n. 거래
v. 처리하다, 다루다(with) | **dealer**
[dí:lər]
n. 중개인, 딜러 |

More Words

a big deal 큰 일, 대단한 일
a great deal of 많은 양의, 다량의
special deal 특가 상품

03

* youngster [jʌ́ŋstər] *n.* 청소년

young에서 파생되어 어리고 젊은 사람(ster)을 의미하게 된 단어.

- He warned the **youngsters** about the dangers of doing drugs.
  그는 약물 복용의 위험성에 대해 **청소년들**에게 경고했다.

young
[jʌŋ]
a. 어린, 젊은, 미숙한
▶
youngster
[jʌ́ŋstər]
n. 청소년

◆ster가 붙어서 생긴 단어

gang
[gæŋ]
n. 갱, 패거리
▶
gangster
[gǽŋstər]
n. 폭력배

trick
[trik]
n. 속임수, 마술
▶
trickster
[tríkstər]
n. 사기꾼, 협잡꾼

04

* unbelievable [ʌ̀nbilíːvəbl] *a.* 믿을 수 없는

'믿다'라는 뜻인 believe에 부정을 의미하는 접두사 un이 결합하여 파생된 단어.

- She's so lazy, it's **unbelievable**.
  그녀가 그렇게 게으르다니 **믿을 수 없다**.

believe
[bilíːv]
v. 믿다, 생각하다
▶
believer
[bilíːvər]
n. 신봉자, 믿는 사람

belief
[bilíːf]
n. 믿음

▶
unbelievable
[ʌ̀nbilíːvəbl]
a. 믿을 수 없는
▶
unbelievably
[ʌ̀nbilíːvəbli]
ad. 믿을 수 없을 정도로

** relieve [rilíːv] v. 완화[경감]하다, 안도하게 하다

다시(re) 위로 올릴(lieve=leve) 수 있다는 원뜻에서 현재는 쉽게 올릴 수 있을 정도로 가볍게 된 상태를 표현하여 생긴 단어.

• So what would you suggest to **relieve** the itching and swelling?
  그래서 가려움과 붓기를 **완화시키려면** 뭘 해야 할까요?

lieve (=leve) 올리다	▶	relieve [rilíːv] v. 완화[경감]하다, 안도하게 하다	▶	relief [rilíːf] n. 안도, 안심, 위안	
		lever [lévər] n. 지렛대	elevate [éləvèit] v. 올리다, 승진시키다	elevator [éləvèitər] n. 엘리베이터	elevation [èləvéiʃən] n. 고도, 승진

More Words

pain reliever 진통제

** frighten [fráitn] v. 겁먹게 만들다

'공포'를 의미하는 fright에서 동사로 파생된 단어.

• Some people think our ancestors **frightened** their enemies on the battlefield.
  어떤 이들은 우리의 조상들이 전쟁에서 적군을 **겁먹게 만들었다**고 생각한다.

fright [frait] n. 공포, 놀람	▶	frightful [fráitfəl] a. 끔찍한, 무서운	frighten [fráitn] v. 겁먹게 만들다

More Words

stage fright 무대 공포증

frighten away 겁을 주어 쫓아내다

07

> ## ✦✦ demented [diméntid] *a.* 정신 이상의, 미친

온전한 정신(ment)이 떨어져(de) 나가는 데서 유래.

- He was so **demented** at the time that he thought he was an alien.

  그가 자신을 외계인이라고 생각했을 때 그는 몹시 **정신이 이상했었다.**

08

> ## ✦✦ mention [ménʃən] *v.* 언급하다 *n.* 언급

ment는 과거에 사용된 단어로 '기억, 정신'이라는 뜻이 확장되어 나중에는 기억나는 것을 얘기하는 '말'이라는 뜻도 된 단어이다. 그래서 mention은 '언급하다'라는 뜻으로 쓰이게 되었다.

- Let's practice those five things **mentioned** above every day.

  위에 **언급된** 다섯 가지를 매일 연습합시다.

★★ **fault** [fɔːlt] *n.* 잘못, 결점

'실패[낙제]하다'라는 뜻의 fail에서 파생되어 실패하게 된 원인을 의미하여 생겨난 단어.

- Many people have criticized all of the pop singer's **faults**.
  많은 사람들이 그 팝 가수가 저지른 모든 **잘못**에 대해 비난했다.

fail
[feil]
v. 실패하다, 낙제하다
n. 낙제

▶ **failure**
[féiljər]
n. 실패, 고장, 불이행

▼

faul

▶ **fault**
[fɔːlt]
n. 잘못, 결점

▶ **faulty**
[fɔːlti]
a. 잘못된, 결함이 있는

More Words

fail to ~하지 못하다
power failure 정전

★★ **false** [fɔːls] *a.* 가짜[거짓]인, 틀린[잘못된]

실패(fail)하도록 속이는 데서 유래된 단어.

- It is better to believe that the assumption is **false**.
  그 가정이 **잘못된** 것이라고 믿는 편이 낫다.

fail
[feil]
v. 실패하다, 낙제하다
n. 낙제

▶ **false**
[fɔːls]
a. 가짜[거짓]인,
틀린[잘못된]

▶ **falsify**
[fɔːlsəfài]
v. 위조하다, 왜곡하다

▶ **falsification**
[fɔːlsəfikéiʃən]
n. 위조

11

** settle [sétl] v. 해결하다, 정착하다(in)

'놓다, 맞추다'라는 뜻의 set에서 파생되어 다 끝내놓는 '해결하다'라는 뜻과 다른 장소에 놓고 사는 '정착하다(in)'라는 뜻이 된 단어.

- My father always thought he'd leave the city and **settle** in the country.

  나의 아버지는 언제나 도시를 떠나 시골에 **정착할** 생각을 했다.

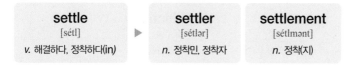

settle	settler	settlement
[sétl]	[sétlər]	[sétlmənt]
v. 해결하다, 정착하다(in)	n. 정착민, 정착자	n. 정착(지)

> **More Words**
> settle on ~에 대한 합의를 보다, ~을 결정하다
> settle for ~에 만족[안주]하다

12

** landscape [lǽndskèip] n. 풍경, 경관

그림으로 그려진 땅(land)의 상태(scape)를 표현하여 생겨난 단어.

- A light mist lay along the earth, partly veiling the lower features of the **landscape**.

  옅은 안개가 땅 위에 깔려 **풍경**의 낮은 쪽 지세를 부분적으로 가렸다.

land	landscape	homeland	wetland	landfill
[lænd]	[lǽndskèip]	[hóumlænd]	[wétlænd]	[lǽndfil]
n. 땅 v. 얻다, 도착하다	n. 풍경, 경관	n. 모국, 고국	n. (pl.) 습지(대)	n. (쓰레기) 매립지

> **More Words**
> land on ~에 내려앉다, 착륙하다

13

** ambition [æmbíʃən] *n.* 야망, 야심

ambition은 표를 얻기 위해 사람들의 주위(amb)를 돌아다니는(it) 데서 유래된 것이고, transition은 한쪽에서 다른 쪽으로 건너(trans) 가는(it) 과정을 표현해 생겨난 단어이다.

- His **ambition** is to become a rock climber.
  그는 암벽 등반가가 되려는 **야심**을 품고 있었다.

14

** initial [iníʃəl] *a.* 처음의, 초기의

안(in)으로 들어가(it) 처음 시작하는 데서 유래.

- The symptoms are mild in the **initial** stages of the disease.
  그 질병의 **초기** 단계에는 증상이 가볍다.

15

★★ glance [glæns] *n.* 힐끗 봄 *v.* 힐끗 보다

'빛나다'라는 뜻을 지닌 glow에서 파생되어 빛나는 쪽을 잠깐 보는 데서 유래.

- When a speaker **glances** at his watch, many in the audience do the same thing.

  연사가 시계를 **힐끗 쳐다보면** 청중 중 많은 이들이 같은 행동을 한다.

| glow [glou] *v.* 빛나다, 불타다 *n.* 불빛 | ▶ | glowing [glóuiŋ] *a.* 열렬한, 극찬하는 | glare [glɛər] *n.* 노려봄 | glance [glæns] *n.* 힐끗 봄, 눈길 *v.* 힐끗 보다 |

More Words

at first glance 처음에, 언뜻 보기에

16

★★ contrast [kántræst] *n.* 대조 [kəntrǽst, kántræst] *v.* 대조를 이루다

'반대(contra)쪽에 서다(st)'라는 뜻에서 유래.

- Maureen's personality was in stark **contrast** to her sister's.

  모린의 성격은 그녀의 언니의 성격과 극명한 **대조를 이뤘다**.

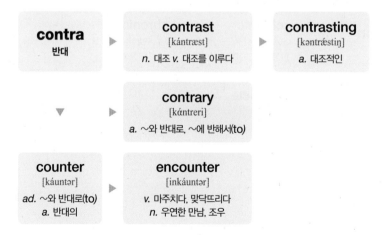

| contra 반대 | ▶ | contrast [kántræst] *n.* 대조 *v.* 대조를 이루다 | ▶ | contrasting [kəntrǽstiŋ] *a.* 대조적인 |

| ▼ | ▶ | contrary [kántreri] *a.* ~와 반대로, ~에 반해서(to) |

| counter [káuntər] *ad.* ~와 반대로(to) *a.* 반대의 | ▶ | encounter [inkáuntər] *v.* 마주치다, 맞닥뜨리다 *n.* 우연한 만남, 조우 |

More Words

on the contrary 대조적으로

17

*** intuition [ìntjuːíʃən] n. 직관(력), 직감

무언가를 보고(tuit) 곧바로 내면(in)에서 알아차리는 데서 유래.

- From a young age, people are taught to trust their **intuition**.

  사람들은 어렸을 때부터 그들의 **직관**을 믿으라고 배운다.

18

*** chronic [kránik] a. 만성적인, 고질적인

오랜 시간(chron) 동안 지니고 있는 것을 표현하는 데서 유래.

- He's been suffering from **chronic** arthritis for years now.

  그는 지금 여러 해 동안 **만성** 관절염을 앓고 있다.

19

*** deforestation [diːfɔ̀ːristéiʃən] *n.* 삼림파괴[벌채]

숲(forest)을 잘라(de) 내는 데서 유래.

- **Deforestation** is destroying large areas of tropical rainforest.

    삼림벌채는 열대우림의 광대한 지역을 파괴하고 있다.

forest	▶	deforestation
[fɔ́ːrist]		[diːfɔ̀ːristéiʃən]
n. 숲, 삼림		*n.* 삼림파괴[벌채]

> **More Words**
> rain forest 우림

20

*** erosion [iróuʒən] *n.* 침식(작용)

'밖(e)으로 갈아먹다(rode, rose)'라는 원뜻에서 현재는 비, 바람으로 땅 등이 깎이게 되는 것을 표현하여 생겨난 단어.

- **Erosion** led to flooding in the river valley near my home.

    침식은 우리 집 근처의 강 계곡에 홍수를 일으켰다.

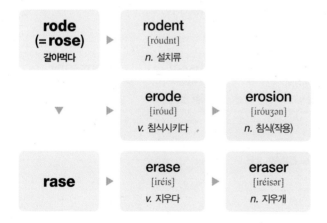

01

> ★ **possession** [pəzéʃən] *n.* 소유, (*pl.*) 소유물

힘(poss)을 통해 자신의 것으로 있게(ess) 한다는 뜻에서 유래.

• What has been preserved of their work belongs among the most precious **possessions** of mankind.

그들의 과업 중 보존된 것은 인류의 가장 소중한 **소유물들** 중에 속한다.

| **ess**
있다 | ▶ | **possess**
[pəzés]
v. 소유하다 | ▶ | **possession**
[pəzéʃən]
n. 소유, (*pl.*) 소유물 | **possessor**
[pəzésər]
n. 소유자 | **possessive**
[pəzésiv]
a. 소유의 |

02

> ★ **absent** [ǽbsənt] *a.* 결석한, 없는, 멍한

있던(se) 것이 이탈(ab)하는 데서 유래.

• She was **absent** from school yesterday.

그녀는 어제 학교에 **결석**을 했다.

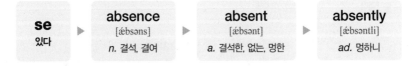

| **se**
있다 | ▶ | **absence**
[ǽbsəns]
n. 결석, 결여 | ▶ | **absent**
[ǽbsənt]
a. 결석한, 없는, 멍한 | ▶ | **absently**
[ǽbsəntli]
ad. 멍하니 |

More Words

absent-minded *a.* 건망증이 심한

03

* present [préznt] *a.* 있는, 참석한, 현재의 *n.* 현재, 선물 [prizént] *v.* 보여주다, 제시하다

바로 앞(pre)에 실제로 있는(se) 것을 표현하여 '있는, 참석한'이라는 뜻이 되었고, 실제로 있는 지금을 의미하여 '현재의'라는 뜻으로도 쓰이게 된 단어.

- She **presented** the star athlete with a great contract offer, but he turned it down.

  그녀가 그 스타 선수에게 굉장한 조건의 계약을 **제시했으나** 그는 거절했다.

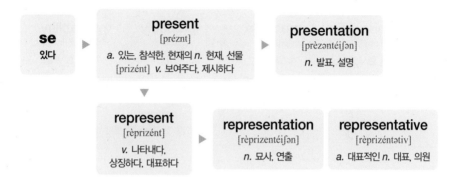

04

* await [əwéit] *v.* 기다리다

'기다리다'라는 뜻을 지닌 wait는 자동사이므로 목적어가 올 경우 for를 붙이는 반면, await는 타동사로 사용되므로 전치사가 필요없다.

- The papers are **awaiting** your signature.

  그 서류들은 당신의 사인을 **기다리고 있다**.

More Words

wait on 시중들다

** probably [prábəbli] *ad.* 아마도, 아마

probe는 '앞(pro)에 있다(be)'라는 원뜻이 확장되어 현재는 앞에 실제 있는지 찾는 '조사'라는 뜻이 되었고, probably는 실제 앞에 있을 수 있는 것을 표현하여 생긴 단어이다.

- If you were confronted by a stranger, you would **probably** be worried.

  네가 낯선 사람을 맞닥뜨린다면, **아마도** 걱정될 것이다.

probe [proub] *n.* 조사, 탐사선 ▶ **probable** [prábəbl] *a.* 있음직한 ▶ **probably** [prábəbli] *ad.* 아마도, 아마 **probability** [pràbəbíləti] *n.* 가능성, 확률

▶ **improbable** [imprábəbl] *a.* 있을 것 같지 않은, 별난

** merchant [mə́:rtʃənt] *n.* 상인

'시장'을 의미하는 merch에서 파생되었으며 시장에서 물건을 파는 사람(ant)에서 유래.

- Gregorio Dati was a successful **merchant** of Florence.

  그레고리오 다티는 플로렌스의 성공한 **상인**이었다.

merch (=merce) 시장 ▶ **merchant** [mə́:rtʃənt] *n.* 상인 ▶ **merchandise** [mə́:rtʃəndàiz] *n.* 상품 *v.* 판매를 하다

▶ **commerce** [kámə:rs] *n.* 상업, 무역 ▶ **commercial** [kəmə́:rʃəl] *a.* 상업의 *n.* 상업광고 ▶ **commercially** [kəmə́:rʃəli] *ad.* 상업적으로

More Words

character merchandising 캐릭터 상품화

07

** fulfill [fulfil] *v.* 이행[수행]하다

완전하게(ful) 채우는(fill) 데서 유래.

- Jake failed to **fulfill** his obligations.
  제이크는 자신의 의무를 **이행하지** 못했다.

| **fill** [fil] *v.* 채우다 | ▶ | **fulfill** [fulfil] *v.* 이행[수행]하다 |

| | ▶ | **full** [ful] *a.* 가득한, 완전한 | ▶ | **fully** [fúlli] *ad.* 가득히, 완전히 | **fullness** [fúlnis] *n.* 풍만함, 충만함 |

More Words

be filled with(= be full of) ~으로 가득 차다
fill out 작성하다

08

** plenty [plénti] *n.* 풍부, 충분(of)

과거 '가득한'이라는 뜻을 지녔던 plen에서 파생된 단어.

- There is **plenty** of time in life for people to follow other interests.
  사람들이 다른 흥밋거리를 추구할 수 있을 만큼 인생에 있어 시간은 **충분하다**.

| **plen** 가득한 | ▶ | **plenty** [plénti] *n.* 풍부, 충분(of) | ▶ | **plentiful** [pléntifəl] *a.* 풍부한 | ▶ | **plentifully** [pléntifəli] *ad.* 풍부하게 |

09

★★ cheat [tʃiːt] *v.* 속이다, 부정행위를 하다 *n.* 속임수, 치트(게임)

시험 중의 부정행위를 일컫는 커닝의 실제 영어 표현이 cheating이고, 게임에서 다음 단계로 넘어갈 때 쓰는 '치트'도 cheat의 명사 뜻에서 나온 것이다.

- She **cheated** on the examination.
  그녀는 시험에서 **부정행위를 했다**.

cheat
[tʃiːt]
v. 속이다, 부정행위를 하다
n. 속임수, 치트(게임)

▶

cheating
[tʃiːtiŋ]
n. 부정행위

More Words

cunning [kʌniŋ] *a.* 교활한 *n.* 교활

10

★★ grasp [ɡræsp] *v.* 붙잡다, 파악하다

'잡다'라는 뜻을 지닌 grab의 철자가 변형되어 파생된 단어.

- We did not fully **grasp** the meaning of his message.
  우리는 그의 메시지의 의미를 완전히 **파악하지** 못했다.

grab
[ɡræb]
v. 잡다, 급히 사다
n. 쥠, 통제, 손잡이

▶

grasp
[ɡræsp]
v. 파악하다, 붙잡다

grip
[ɡrip]
v. 쥐다, 붙잡다

More Words

grab a bite 간단히 먹다
in the grip of ~에 시달리는

11

** decode [diːkóud] *v.* 해독하다

'암호'인 code를 없애(de) 버리는 데서 유래.

- The actual cause of the accident will only be discovered after the black box is **decoded**.

  그 사고의 정확한 원인은 블랙박스를 **해독한** 후에야 겨우 밝혀질 것이다.

code
[koud]
n. 암호, 신호, 규정

▶

decode
[diːkóud]
v. 해독하다

More Words

bar code 바코드

12

** rotten [rátn] *a.* 썩은, 부패한

'썩다'라는 뜻의 rot에서 파생된 단어.

- The bananas are starting to go **rotten**.

  바나나가 **썩기** 시작하고 있다.

rot
[rɔt]
v. 썩다 *n.* 썩음

▶

rotten
[rátn]
a. 썩은, 부패한

13

** spacious [spéiʃəs] a. 넓은

큰 공간(space)을 표현하는 데서 유래.

- The dining room is **spacious** enough to seat all our guests.

    그 식당은 우리 손님들이 모두 앉기에 충분히 **넓다**.

space	spaceship	spacious	spatial
[speis]	[spéisʃip]	[spéiʃəs]	[spéiʃəl]
n. 공간, 우주	n. 우주선	a. 넓은	a. 공간의

14

** altitude [ǽltətjùːd] n. 고도

'높은'이라는 뜻을 지녔던 alt에서 유래.

- We're now flying at an **altitude** of 50,000 feet.

    우리는 현재 **고도** 5만 피트로 비행하고 있습니다.

alt 높은	altitude [ǽltətjùːd] n. 고도	altimeter [æltímətər] n. 고도계	alto [ǽltou] n. 알토(남성의 최고 음역대)
	exalt [igzɔ́ːlt] v. 높이다, 칭찬하다	exalted [igzɔ́ːltid] a. 행복한, 의기양양한	

15

★★ masterpiece [mǽstərpìːs] *n.* 걸작

'거장'을 의미하는 master와 '작품'을 의미하는 piece가 결합하여 생긴 단어.

- His painting was immediately recognized as a **masterpiece**.

  그의 그림은 즉시 **걸작**으로 인정받았다.

master
[mǽstər]
n. 거장, 대가, 스승
v. 터득하다

▶

masterful
[mǽstərfəl]
a. 거장다운

masterpiece
[mǽstərpiːs]
n. 걸작

headmaster
[hedmǽstər]
n. 교장

mastery
[mǽstəri]
n. 통달

16

★★ minister [mínəstər] *n.* 장관, 목사

'작은'을 의미하는 mini와 '거장'이나 '스승'을 의미하는 master가 합쳐져 생긴 단어.

- When questioned on TV, the **minister** retracted his allegations.

  텔레비전에서 질문 공세를 받자, 그 **장관**은 그가 했던 근거 없는 비방을 철회했다.

minister
[mínəstər]
n. 장관, 목사

▶

ministry
[mínəstri]
n. (정부의) 부처

▶

administer
[ədmínistər]
v. 관리하다, 주다

▶

administration
[ədmìnistréiʃən]
n. 관리, 경영, 행정

administrator
[ədmínistrèitər]
n. 관리자

▶

administrative
[ædmínəstrèitiv]
a. 관리[행정]의

17

> ****** vigorous** [vígərəs] *a.* 활기찬, 활발한, 격렬한

'활력 있다'라는 뜻을 지녔던 vig에서 유래된 단어.

- You need **vigorous** exercise every day.
  너는 매일 **격렬한** 운동이 필요하다.

| vig 활력 있다 | ▶ | vigor [vígər] *n.* 활력, 정력 | ▶ | vigorous [vígərəs] *a.* 활기찬, 활발한 | ▶ | vigorously [vígərəsli] *ad.* 활기차게, 활발히 |

18

> ****** inherent** [inhíərənt] *a.* 내재하는, 선천적인

사람 안(in)에 자연적으로 붙어서(here) 태어난 데서 유래.

- She has an **inherent** distrust of lawyers.
  그녀는 변호사에 대해 **내재적인** 불신감을 가지고 있다.

| here 붙이다 | ▶ | inhere [inhíər] *v.* 내재하다 | ▶ | inherent [inhíərənt] *a.* 내재하는, 선천적인 | ▶ | inherently [inhíərəntli] *ad.* 선천[본질]적으로 |
| | | cohere [kouhíər] *v.* 일관성이 있다 | ▶ | coherent [kouhíərənt] *a.* 일관성 있는 | ▶ | coherence [kouhíərəns] *n.* 일관성 |

19

★★★ intolerable [intάlərəbl] *a.* 참을 수 없는

'참다'라는 뜻을 지녔던 toler에서 파생되었으며 참을(toler) 수 없는(in) 것을 표현하여 생겨난 단어.

- The situation was totally **intolerable** to her.
  그녀에게 그 상황은 도저히 **참을 수 없었다.**

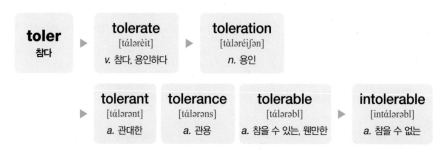

20

★★★ vulnerable [vΛlnərəbl] *a.* 상처[공격]받기 쉬운, 취약한

'상처를 입히다'를 뜻했던 vulner에서 파생되어 언제든지 상처받을 수 있는(able) 것을 표현하여 생겨난 단어.

- They were in a very **vulnerable** position.
  그들은 매우 **공격받기 쉬운** 입장에 처해 있었다.

01

> ★ **aloud** [əláud] *ad.* 소리 내어, 큰 소리로

소리가 '큰, 시끄러운'이라는 뜻의 loud에서 부사로 파생된 단어. 특히 aloud는 남이 알아들을 수 있도록 소리 내는 것을 나타내고, loudly는 사람들에게 방해가 될 정도로 크게 소리 내는 것을 표현한다.

● He read a book **aloud** in class.
　그는 수업 시간에 책을 **소리 내어** 읽었다.

loud	▶	loudly	aloud
[laud]		[láudli]	[əláud]
a. 큰, 시끄러운		*ad.* 큰 소리로, 시끄럽게	*ad.* 소리 내어, 큰 소리로

02

> ★ **merciful** [mə́:rsifəl] *a.* 자비로운

자비(mercy)가 가득한(ful) 데서 유래.

● The general was quite **merciful** with the enemy troops who surrendered.
　그 장군은 항복한 적군에게 매우 **자비로웠다**.

mercy	▶	merciless
[mə́:rsi]		[mə́:rsilis]
n. 자비		*a.* 무자비한

merciful	▶	mercifully
[mə́:rsifəl]		[mə́:rsifəli]
a. 자비로운		*ad.* 자비롭게, 다행히도

03

⋆ **gather** [gǽðər] *v.* 모으다

gather는 흩어져 있는 것을 한곳으로 옮기는 '모으다'라는 뜻이고, 이 단어의 모음이 바뀐 후 방향을 의미하는 to가 붙어 '함께'라는 뜻의 together가 나오게 되었다.

- Give her just a minute to **gather** her toys.
  그녀가 자신의 장난감을 **모아올** 수 있게 잠시 시간을 줘라.

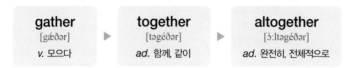

gather	together	altogether
[gǽðər]	[təgéðər]	[ɔ́ːltəgéðər]
v. 모으다	*ad.* 함께, 같이	*ad.* 완전히, 전체적으로

04

⋆ **catch** [kætʃ] *v.* 잡다, 발견[이해]하다, (병 등에) 걸리다

'잡다'라는 기본 뜻에서 시야로 잡아서 알게 되는 '이해하다'라는 뜻과 병 등에 잡히는 '걸리다'라는 뜻이 된 단어.

- Green tea can protect you from **catching** the flu.
  녹차는 감기에 **걸리는** 것을 예방할 수 있다.

catch	catch up	catch hold of	catch a cold
[kætʃ]	따라잡다[따라가다]	~을 움켜잡다	감기에 걸리다
v. 잡다, 발견[이해]하다, (병 등에) 걸리다			

eye-catching	catch phrase
눈길을 끄는	표어

05

** allowance [əláuəns] *n.* 허락, 용돈

'허락하다'라는 뜻의 allow에서 파생되어 부모로부터 허락된 돈인 '용돈'을 뜻하게 되었다.

- Yesterday he got his **allowance**.
  어제 그는 **용돈**을 받았다.

More Words

allow for ~을 고려하다, 감안하다

06

** gravity [ɡrǽvəti] *n.* 중력, 중대함

grave는 '무거운'이라는 원뜻에서 확장되어 현재 문제나 사태가 무거운 '중대한, 엄숙한'
이라는 뜻이 되었고, 명사 gravity는 무게가 있어 땅으로 떨어지는 힘인 '중력'을 뜻하게
되었다.

- **Gravity** is the force that causes objects to fall to the ground.
  중력은 사물이 땅으로 떨어지게 하는 힘이다.

grave [greiv] *a.* 무거운, 중대한, 엄숙한	▶	gravely [ɡréivli] *ad.* 중대하게, 엄숙히	gravity [ɡrǽvəti] *n.* 중력, 중대함

◆혼동

07

** naive [naːíːv] *a.* 순진한

native(원주민의)에서 파생된 단어로 자신이 사는 세상 밖으로 나가본 적 없어 아무것도 모르는 사람을 표현하는 데서 유래.

- He asked a lot of **naive** questions about China.

  그는 중국에 관한 **순진한** 많은 질문을 했다.

08

** incentive [inséntiv] *n.* 장려[우대]책, 자극

사람의 마음 안(in)에서 노래(cent)가 절로 나올 수 있게 하는 데서 유래.

- The government offers special tax **incentives** for small businesses.

  정부는 중소기업체들을 위한 세금 **우대 정책**을 제공한다.

** conceal [kənsíːl] v. 감추다, 숨기다

아무도 모르게 완전히(con) 감방(ceal = cell)에 넣어두는 데서 유래.

- He is accused of attempting to **conceal** evidence.

  그는 증거를 **숨기려** 했다는 혐의를 받고 있다.

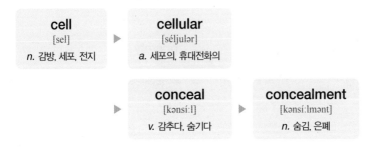

cell
[sel]
n. 감방, 세포, 전지

▶

cellular
[séljulər]
a. 세포의, 휴대전화의

▶

conceal
[kənsíːl]
v. 감추다, 숨기다

▶

concealment
[kənsíːlmənt]
n. 숨김, 은폐

More Words

cellular phone 휴대폰(= mobile phone)

** expel [ikspél] v. 쫓아내다, 추방하다

밖(ex)으로 몰아내는(pel = pulse) 데서 유래. 현재 pulse는 빛이나 소리 등을 몰고 가 퍼지는 '파동'이나 심장의 박동으로 피가 분포되어 생기는 '맥박'을 뜻한다.

- They were **expelled** from school for taking drugs.

  그들은 약물 복용으로 학교에서 **추방[퇴학]당했다.**

pel(= pulse)
[pʌls]
몰다 *n.* 파동, 맥박

▶

expel
[ikspél]
v. 쫓아내다, 추방하다

▶

expulsion
[ikspʌ́lʃən]
n. 방출, 추방

propel
[prəpél]
v. 몰고 가다,
나아가게 하다

▶

propeller
[prəpélər]
n. 프로펠러

propulsion
[prəpʌ́lʃən]
n. 추진, 추진력

11

**** establish** [istǽbliʃ] *v.* 설립하다, 확립하다, 입증하다

누구나 알 수 있게 밖(e)에 세우는(st) 데서 유래.

- They will **establish** a new fire station in our area.
  그들은 우리 지역에 새 소방서를 하나 **설립할** 것이다.

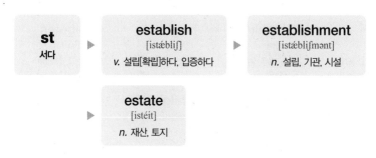

st
서다

establish
[istǽbliʃ]
v. 설립[확립]하다, 입증하다

establishment
[istǽbliʃmənt]
n. 설립, 기관, 시설

estate
[istéit]
n. 재산, 토지

| **More Words**
| **real estate** 부동산

12

**** destination** [dèstənéiʃən] *n.* 목적지, 도착지

정해진(de) 위치에 서(stin) 있는 데서 유래.

- The package reached its **destination** two days later.
  그 포장물은 **목적지**에 이틀 후에 도착했다.

stin
서다

destine
[déstin]
v. 미리 정해 두다, 운명짓다

destination
[dèstənéiʃən]
n. 목적지, 도착지

destiny
[déstəni]
n. 운명

13

> ## ** heighten [háitn] *v.* 높이다, 강화하다

'높이'를 의미하는 명사 height에서 동사로 파생된 단어.

- The president's speech **heightened** the crowd's excitement.
  그 대통령의 연설은 군중들의 흥분을 **고조시켰다.**

high [hai] *a.* 높은 *ad.* 높게 ▶ **highly** [háili] *ad.* 매우, 엄청 **height** [hait] *n.* 높이, 키 ▶ **heighten** [háitn] *v.* 높이다, 강화하다

▶ **highland** [háilənd] *n.* 산악지대 **highlight** [háilàit] *v.* 강조하다

> **More Words**
> **in height** ~의 높이가 되는
> **high fever** 고열
> **high-fat** *a.* 고지방의

14

> ## ** urban [ɔ́ːrbən] *a.* 도시의

urban은 '도시'를 의미했던 urb에서 형용사로 파생된 단어이고, suburban은 도시 아래 (sub) 있는 것을 표현하는 데서 유래했다.

- This is a costly public health problem and a constant irritation to **urban** life.
  이것은 비용이 많이 드는 공중보건 문제이고 **도시** 생활에 있어 지속적인 골칫거리이다.

urb 도시 ▶ **urban** [ɔ́ːrbən] *a.* 도시의 ▶ **urbane** [əːrbéin] *a.* 세련된 **urbanize** [ɔ́ːrbənàiz] *v.* 도시화하다 ▶ **urbanization** [ɔ̀ːrbənizéiʃən] *n.* 도시화

▶ **suburb** [sʌ́bəːrb] *n.* 교외 ▶ **suburban** [səbɔ́ːrbən] *a.* 교외의

15

** solitude [sálətjùːd] *n.* 고독

혼자(sole) 있는 외로운 상태(tude)를 표현하여 생긴 단어.

* I spent my entire holiday alone and in complete **solitude**.
  나는 휴일 내내 혼자서 완전한 **고독** 속에서 보냈다.

16

** barbarism [báːrbərìzm] *n.* 야만, 미개, 야만 행위

과거 '미개인'을 뜻했던 barbar에서 파생되어 그들이 하는 미개한 행위를 표현해 생겨난 단어.

* Such **barbarisms** cannot be tolerated.
  그런 **미개한 행위들**은 용납될 수 없다.

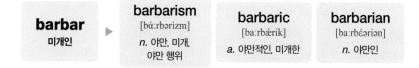

17

★★★ **verdict** [vɔ́ːrdikt] *n.* 평결, 결정[의견]

'진실(ver)을 말한다(dict)'라는 뜻이 확장되어 현재는 배심원이 죄에 대해 결정을 내리는 '평결'을 뜻하게 되었다.

- They anxiously awaited the **verdict** from the judge.

  그들은 애타게 심판의 **결정**을 기다렸다.

18

★★★ **afflict** [əflíkt] *v.* 괴롭히다, 피해를 입히다

afflict는 상대방(af)을 향해 치는(flict) 데서 유래되었고, conflict는 함께(con) 치는 (flict) 데서 생겨난 단어이다.

- The disease **afflicts** an estimated three million people every year.

  그 질병은 매년 약 3백만 명에게 **피해를 입힌다**.

| **More Words**
| **afflicted with[at, by]** ~ 에 괴로워하는

19

*** **account** [əkáunt] *v.* (비율을) 차지하다, 설명하다(for) *n.* 계좌, 설명, 서술

'계산하다'라는 뜻의 count에서 파생되었으며 계산된 양을 표현하는 데서 유래.

- CO₂ emissions from commercial and residential heating **account**
  for 12% of all CO₂ emissions.

  상업 및 가정용 난방에서 배출되는 이산화탄소가 전체 이산화탄소 배출량의 12퍼센트를 **차지한다**.

20

*** **insult** [insʌ́lt] *v.* 모욕하다 [ínsʌlt] *n.* 모욕

사람 마음을 안(in) 좋게 하여 뛰게(sult) 만드는 데서 유래.

- It may be **insulting** behavior to them.

  그것은 그들에게 **모욕적인** 행동일 수 있다.

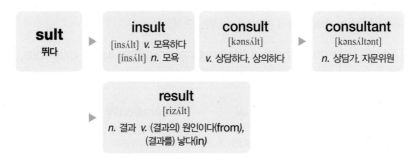

> **More Words**
>
> **as a result of** ～의 결과로서

DAY 29

01

★ trust [trʌst] *n.* 신뢰, 신탁 *v.* 신뢰하다, 믿다

true(사실인, 진짜인)에서 파생되어 거짓 없이 진짜로 믿는 데서 유래.

- He emphasizes that **trust** is the most important factor in the child's developing personality.
  그는 아이들의 인격 형성에서 가장 중요한 요소는 **신뢰**라고 강조한다.

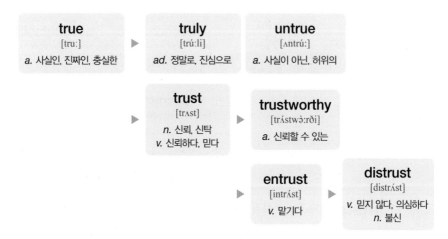

true
[truː]
a. 사실인, 진짜인, 충실한

▶

truly
[trúːli]
ad. 정말로, 진심으로

untrue
[ʌntrúː]
a. 사실이 아닌, 허위의

▶

trust
[trʌst]
n. 신뢰, 신탁
v. 신뢰하다, 믿다

▶

trustworthy
[trʌ́stwə̀ːrði]
a. 신뢰할 수 있는

▶

entrust
[intrʌ́st]
v. 맡기다

▶

distrust
[distrʌ́st]
v. 믿지 않다, 의심하다
n. 불신

02

★ theoretical [θìːərétikəl] *a.* 이론의, 이론적인

'이론'을 의미하는 theory에서 형용사로 파생된 단어.

- The teacher gave them a **theoretical** situation as an example.
  선생님은 그들에게 **이론적인** 상황을 예로 들어줬다.

theory
[θíːəri]
n. 이론

▶

theoretical
[θìːərétikəl]
a. 이론의, 이론적인

▶

theoretically
[θìːərétikəli]
ad. 이론적으로

03

> ★ **unfold** [ʌnfóuld] *v.* 펼치다, 전개되다

접은(fold) 것을 반대(un)로 펴는 데서 유래.

- As the story **unfolds**, we learn that he became a legend.
  이야기가 **전개됨**에 따라, 우리는 그가 전설적인 인물이 되었다는 것을 안다.

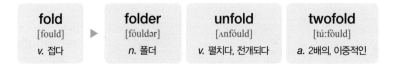

fold	▶	folder	unfold	twofold
[fould]		[fóuldər]	[ʌnfóuld]	[tú:fòuld]
v. 접다		*n.* 폴더	*v.* 펼치다, 전개되다	*a.* 2배의, 이중적인

04

> ★ **slippery** [slípəri] *a.* 미끄러운, 파악하기 어려운

'미끄러지다'라는 뜻을 지닌 slip에서 파생된 단어.

- Fish are **slippery** to hold.
  물고기는 **미끄러워** 잡기 어렵다.

slip	▶	slipper	slippery
[slip]		[slípər]	[slípəri]
v. 미끄러지다, 빠지다		*n.* 실내화	*a.* 미끄러운, 파악하기 어려운
n. 실수			

> **More Words**
>
> **slip A into B** A를 B에 넣다

** **regret** [rigrét] *v.* 후회하다, 유감으로 여기다 *n.* 후회, 유감

regret은 뒤(re)인 과거를 회상하여 외치는(gret) 데에서 유래되었고, greet는 사람을 맞이하며 외친다고 하여 '환영하다'라는 뜻이 되었다.

• We've never **regretted** the decision he made.
  우리는 그가 내린 결정에 대해 절대 **유감스럽게 생각하지** 않는다.

gret
외치다

regret
[rigrét]
v. 후회하다, 유감으로 여기다
n. 후회, 유감

regretful
[rigrétfəl]
a. 후회하는,
유감스러워 하는

regretfully
[rigrétfəli]
ad. 유감스럽게도

greet
[griːt]
v. 환영하다, 맞다

greeting
[gríːtiŋ]
n. 인사(말)

** **fabulous** [fǽbjuləs] *a.* 엄청난, 환상적인

'우화'를 의미하는 fable이 변형된 fabule에 형용사 접미사 -ous가 붙어서 생긴 단어.

• She had a **fabulous** time on her vacation last summer.
  그녀는 지난여름 휴가 중에 **환상적인** 시간을 보냈다.

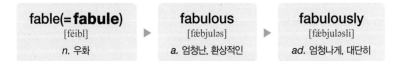

fable(= fabule)
[féibl]
n. 우화

fabulous
[fǽbjuləs]
a. 엄청난, 환상적인

fabulously
[fǽbjuləsli]
ad. 엄청나게, 대단히

07

> ★★ **official** [əfíʃəl] *a.* 공식적인 *n.* 공무원

밖이 아닌 사무실(office)에서 근무하는 사람이나 사무적으로 정한 일을 표현하는 데서 유래.

- The **official** language in India is English, but there are more than 600 dialects spoken there.

  인도의 **공식** 언어는 영어이지만 인도에는 600개가 넘는 지방 사투리가 있다.

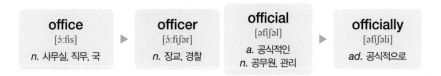

| office [ɔ́:fis] *n.* 사무실, 직무, 국 | ▶ | officer [ɔ́:fiʃər] *n.* 장교, 경찰 | official [əfíʃəl] *a.* 공식적인 *n.* 공무원, 관리 | ▶ | officially [əfíʃəli] *ad.* 공식적으로 |

08

> ★★ **rubbish** [rʌ́biʃ] *n.* 폐물, 쓰레기

rubbish는 '문지르다'라는 뜻의 rub에서 파생되어 닳아 해진 것을 표현하였고, rubble 은 '부서진 돌무더기'를 의미한다.

- She picked up the **rubbish** on the street.

  그녀는 거리에서 **쓰레기**를 주웠다.

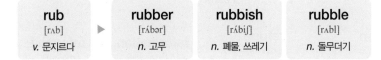

| rub [rʌb] *v.* 문지르다 | ▶ | rubber [rʌ́bər] *n.* 고무 | rubbish [rʌ́biʃ] *n.* 폐물, 쓰레기 | rubble [rʌ́bl] *n.* 돌무더기 |

** disturb [distə́:rb] *v.* 방해하다, 혼란케 하다

'폭풍'을 의미했던 turb에서 파생하여 아무것도 못하게 흔들어 놓는 데서 유래.

- Stop **disturbing** your sister at once!

  당장 누나를 **방해하는** 것을 멈춰!

turb 폭풍	turbulence [tə́:rbjuləns] *n.* 난기류, 동요	turbulent [tə́:rbjulənt] *a.* 몹시 거친, 사나운

disturb [distə́:rb] *v.* 방해하다, 혼란케 하다	disturbance [distə́:rbəns] *n.* 방해, 요란	undisturbed [ʌ̀ndistə́:rbd] *a.* 방해받지 않는

** reform [rifɔ́:rm] *v.* 개혁[개선]하다 *n.* 개혁[개선]

과거에 잘못된 것을 다시(re) 새로운 형태(form)로 만드는 데서 유래.

- The prisoner was **reformed** after spending more than a decade behind bars.

  철창 안에서 10년 이상을 보낸 후에 그 죄수는 **교화되었다**.

form [fɔ:rm] *n.* 형태, 형식 *v.* 형성하다, 만들다	reform [rifɔ́:rm] *v.* 개혁[개선]하다 *n.* 개혁[개선]	reformation [rèfərméiʃən] *n.* 개혁	reformist [rifɔ́:rmist] *n.* 개혁론자

| More Words

protestant reformation 종교개혁

11

**irritate [írətèit] *v.* 짜증[화]나게 하다, 염증을 일으키다

사람 안(ir)에 화(rit)를 내게 만드는 데서 유래.

- The parents were **irritated** by their child's rudeness.
  그 부모는 아이의 무례함에 **짜증이 났다**.

More Words

skin irritation 피부 염증

12

**reputation [rèpjutéiʃən] *n.* 명성

많은 사람들의 기억 속에 반복적(re)으로 좋게 생각나는(pute)는 데서 유래.

- The company has a worldwide **reputation** for quality, innovation and design.
  그 회사는 품질, 혁신 그리고 디자인에서 전 세계적으로 **명성**이 나 있다.

13

** hostile [hástl] *a.* 적대적인

hostile은 '적'을 의미했던 host에서 파생되어 '적대적인'이라는 뜻이 되었고, hostage는 잡힌 적을 의미하여 '인질'이라는 뜻이 되었다.

- The president received a **hostile** reception from the audience.
  대통령은 청중들에게서 **적대적인** 반응을 받았다.

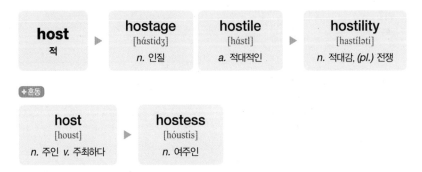

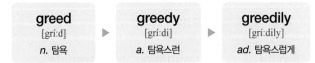

14

** greedy [grí:di] *a.* 탐욕스런

'탐욕'을 의미하는 명사 greed에서 형용사로 파생된 단어.

- She blames all her problems on **greedy** lawyers.
  그녀는 그녀의 모든 문제를 **탐욕스런** 변호사들의 탓으로 돌린다.

greed [grí:d] *n.* 탐욕	▶	greedy [grí:di] *a.* 탐욕스런	▶	greedily [grí:dily] *ad.* 탐욕스럽게

15

** rapid [rǽpid] *a.* 빠른, 민첩한

동물들이 빠르게 먹이를 잡아채는(rap) 데서 유래.

- Racial discrimination will continue to proliferate on the Internet at a **rapid** rate.

  인종차별은 **빠른** 속도로 인터넷에서 지속적으로 확산될 것이다.

| rap
잡아채다 | ▶ | rapid
[rǽpid]
a. 빠른, 민첩한 | ▶ | rapidly
[rǽpidli]
ad. 빠르게 |

| | ▶ | rob
[rab]
v. 빼앗다, 강탈하다 | ▶ | robber
[rɑ́bər]
n. 강도 | ▶ | robbery
[rɑ́bəri]
n. 강도질 |

+주의

rob A of B A(사람, 장소)의 B(물건)를 강탈하다
steal B from A A(사람, 장소)의 B(물건)를 훔치다

16

** reap [riːp] *v.* 수확하다, 거두다

'숙성한, 익은'이라는 뜻을 지닌 ripe에서 파생된 단어.

- The farmer sowed seeds and **reaped** what he sowed.

  농부는 씨를 뿌렸고 자신이 뿌렸던 것을 **거두었다**.

| ripe
[raip]
a. 숙성한, 익은 | ▶ | ripen
[rɑ́ipən]
v. 익다, 숙성하다 | ripeness
[rɑ́ipnis]
n. 숙성, 원숙 |

| | ▶ | reap
[riːp]
v. 수확하다, 거두다 |

17

*** awkward [ɔ́:kwərd] *a.* 서투른, 어색한, 곤란한

똑바르지 않고 이탈된(awk) 방향(ward)으로 가는 데서 유래.

- I'm sure she feels a little **awkward** talking in front of him.
  분명히 그녀가 그의 앞에서 말하기 **어색한** 것 같다.

ward
방향(~로)

▶ **awkward**
[ɔ́:kwərd]
a. 서투른, 어색한, 곤란한

▶ **awkwardly**
[ɔ́:kwərdli]
ad. 어색하게

✦혼동

coward
[káuərd]
n. 겁쟁이

▶ **cowardly**
[káuərdli]
a. 비겁한

cowardice
[káuərdis]
n. 겁, 비겁

18

*** incessant [insésnt] *a.* 끊임없는

포기하지(cess) 않고(in) 계속 가는 데서 유래.

- The **incessant** noise nearly drove me mad.
  끊임없는 소음이 나를 거의 미치게 만들었다.

cess
포기하다

▶ **incessant**
[insésnt]
a. 끊임없는

▶ **incessantly**
[insésntli]
ad. 끊임없이

▶ **cease**
[si:s]
v. 중단되다

▶ **cease-fire**
[sí:sfàiər]
n. 정전, 휴전

decease
[disí:s]
n. 사망

▶ **deceased**
[disí:st]
a. 사망한
n. (the ~) 고인

*** unparalleled [ʌ̀npǽrəlèld] *a.* 비할 데가 없는

parallel은 옆(para)에 비슷한 크기의 다른(allel) 것이 있는 데서 '평행한, 유사한'이라는 뜻이 되었고, unparalleled는 유사한 것이 없는(un) 것을 표현한 단어이다.

● Its influence over a generation was **unparalleled**.
한 세대에 걸친 그것의 영향에 **필적될 만한 것이 없었다.**

*** swelling [swéliŋ] *n.* 붓기

과거 '마시다'라는 뜻의 swal에서 파생되었으며 가득 마셔 부풀어 오른 것을 표현하는 데서 유래.

● The **swelling** around his eye should subside in a few days.
그의 눈 주위의 **붓기**는 며칠 후면 가라앉을 것이다.

01

★ **alien** [éiljən] *n.* 외계인, 외국인 *a.* 외계[외국]의, 이질적인

자기가 있는 곳이 아닌 다른(ali) 곳의 사람을 표현하여 생긴 단어.

- Nowadays, teenagers use weird words, creating **alien** expressions in the process.

  요즘 청소년들은 이상한 단어를 사용하고, 그 과정에서 **이질적인** 표현을 만들어내고 있다.

02

★ **glorious** [glɔ́:riəs] *a.* 영광스러운

'영광'을 의미하는 glory에서 형용사로 파생된 단어.

- The country has a **glorious** history.

  그 나라는 **영광스런** 역사를 가지고 있다.

| glory
[glɔ́:ri]
n. 영광 | | glorious
[glɔ́:riəs]
a. 영광스러운 | | gloriously
[glɔ́:riəsli]
ad. 영광스럽게 | inglorious
[inglɔ́:riəs]
a. 수치스러운 |

03

★ matter [mǽtər] *n.* 물질, 문제, (*pl.*) 상황 *v.* 중요하다

mother(어머니)에서 파생되어 무언가 만들어지게 된 것을 의미하여 '물질, 문제, 상황'이
라는 뜻이 된 단어.

- It doesn't **matter** whether they stay at home or go out.

  그들이 집에 머물든 밖으로 나가든 **중요치** 않다.

| **mother** [mʌ́ðər] *n.* 어머니 | ▶ | **matter** [mǽtər] *n.* 물질, 문제, (*pl.*) 상황 *v.* 중요하다 | ▶ | **material** [mətíəriəl] *a.* 물질적인 *n.* 재료, 물질 | ▶ | **materialism** [mətíəriəlizm] *n.* 물질주의 |

04

★ arise [əráiz] *v.* 생기다, 발생하다

사건이나 문제들이 일어나(rise) 발생하는 데서 유래.

- The conflict of opinions **arose** because of a misunderstanding.

  그 의견의 분쟁은 오해 때문에 **생겨났다**.

| **rise** [raiz] *v.* 일어나다, 오르다[상승하다] *n.* 증가, 도약 | ▶ | **raise** [reiz] *v.* ~을 올리다 |
| **arise** [əráiz] *v.* 생기다, 발생하다 | ▶ | **arouse** [əráuz] *v.* 일깨우다, 자극하다 |

주의 rise와 arise는 자동사로 사용되고, raise와 arouse는 타동사로 사용된다.

05

★★ **seemingly** [síːmiŋli] *ad.* 외관상으로, 겉보기에

'~으로 보이다'라는 뜻의 seem에서 파생된 단어.

- It was a **<u>seemingly</u>** impossible task to get done by the deadline.
  마감일까지 마무리하는 것은 **겉보기에** 불가능한 일 같았다.

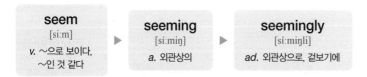

seem	▶	seeming	▶	seemingly
[siːm]		[síːmiŋ]		[síːmiŋli]
v. ~으로 보이다, ~인 것 같다		a. 외관상의		ad. 외관상으로, 겉보기에

06

★★ **trim** [trim] *v.* 다듬다, 자르다 *a.* 깔끔한, 정돈된

나무(tree)의 지저분한 부분을 자르는 데서 유래.

- Forty-nine percent of men would like to **trim** their waistline.
  49퍼센트의 남성이 자신들의 허리선을 보기 좋게 **다듬고** 싶어 한다.

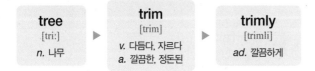

tree	▶	trim	▶	trimly
[triː]		[trim]		[trimli]
n. 나무		v. 다듬다, 자르다 a. 깔끔한, 정돈된		ad. 깔끔하게

07

** humble [hʌ́mbl] *a.* 겸손한, 미천한

'낮은'이라는 뜻을 지녔던 hum에서 파생되었으며 낮아질 수 있는 것을 표현한 데서 유래.

- Please accept our **humble** apologies for the inconvenience.

  불편함을 끼친 것에 대해 우리의 **미천한** 사과를 받아주십시오.

| hum
낮은 | ▶ | humble
[hʌ́mbl]
a. 겸손한, 미천한 | ▶ | humility
[hju:míləti]
n. 겸손 | ▶ | humiliate
[hju:mílièit]
v. 굴욕감을 주다 | ▶ | humiliation
[hju:mìliéiʃən]
n. 굴욕 |

08

** employ [implɔ́i] *v.* 고용하다, 쓰다

안에(em) 접혀(ploy) 들어가는 데서 유래.

- If I were the boss, I would never **employ** anyone like that.

  내가 상사라면, 절대 그런 사람을 **고용하지** 않을 거야.

| ploy
접다 | ▶ | employ
[implɔ́i]
v. 고용하다, 쓰다 | ▶ | employee
[implɔ́ii:]
n. 종업원 | employer
[implɔ́iər]
n. 고용주 | employment
[implɔ́imənt]
n. 고용, 직업 |

| | | ▶ | unemployed
[ʌ̀nimplɔ́id]
a. 실직한 | |

★★ **blameworthy** [bléimwə̀:rði] *a.* 비난받을 만한

'비난'을 의미하는 blame과 '~할 만한'이라는 뜻을 지닌 접미사 worthy가 결합하여 생긴 단어.

- Their failure to adequately inform participants of the risks was ethically **blameworthy**.

  그들이 참가자들에게 위험을 충분히 알리지 않은 것은 도덕적으로 **비난받을 만했다**.

blame
[bleim]
v. 비난하다, ~ 탓으로 하다
n. 비난, 책임

blameless
[bléimlis]
a. 떳떳한, 책임이 없는

blameworthy
[bléimwə̀:rði]
a. 비난받을 만한

★★ **confront** [kənfrʌ́nt] *v.* 직면하다

함께(con) 앞쪽(front)에 서는 데서 유래.

- But there are complicated issues to **confront** beforehand.

  그러나 사전에 우리가 **직면해야** 할 복잡한 문제들이 있습니다.

front
[frʌnt]
n. 앞(쪽), 정면
a. 앞쪽의

frontal
[frʌ́ntl]
a. 정면의

frontier
[frʌntíər]
n. 경계, 한계

confront
[kənfrʌ́nt]
v. 직면하다

confrontation
[kànfrəntéiʃən]
n. 직면, 대항

More Words

in front of ~의 앞쪽에

11

★★ **forbid** [fərbíd] *v.* 금지하다

'못하게(for) 명령하다(bid)'라는 뜻에서 유래.

- The law **forbids** the sale of cigarettes to people under the age of 18.

  법은 18세 미만의 사람에게 담배 파는 것을 **금지한다**.

bid
[bid]
v. 명령하다, 입찰하다
n. 입찰

▶

bidder
[bídər]
n. 입찰자

forbid
[fərbíd]
v. 금지하다

▶

forbidden
[fərbídn]
a. 금지된

12

★★ **regard** [rigάːrd] *v.* 간주하다, 평가하다 *n.* 존경, 관심, 관련

'다시(re) 보다(gard)'라는 뜻에서 유래된 단어.

- Descartes is **regarded** by many as the founder of modern philosophy.

  데카르트는 많은 사람들에 의해 근대 철학의 창시자로 **간주된다**.

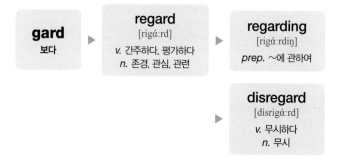

gard
보다

▶

regard
[rigάːrd]
v. 간주하다, 평가하다
n. 존경, 관심, 관련

▶

regarding
[rigάːrdiŋ]
prep. ~에 관하여

▶

disregard
[dìsrigάːrd]
v. 무시하다
n. 무시

> **More Words**
> **regardless of** ~에 관계[상관]없이
> **in this regard** ~이러한 점에서

13

★★ optimistic [àptəmístik] *a.* 낙관적인, 낙천적인

라틴어로 '좋은'이라는 뜻의 opt와 최상급을 나타내는 im이 합쳐져 언제나 가장 좋은 상태를 표현하여 생겨난 단어.

- He is **optimistic** about his chances of winning a gold medal.

  그는 금메달을 딸 가능성에 대해 **낙관적이다.**

| opt
좋은 | ▶ | optimal
[áptəməl]
a. 최적의 | optimism
[áptəmìzm]
n. 낙관론, 낙천주의 | optimist
[áptəmist]
n. 낙천주의자 | ▶ | optimistic
[àptəmístik]
a. 낙관적인, 낙천적인 |

14

★★ terrific [tərífik] *a.* 멋진, 좋은

떨릴(terr) 정도로 멋진 모습을 표현한 데서 유래.

- John is a **terrific** basketball player. I'd like to play basketball with him some day.

  존은 **멋진** 농구선수이다. 언젠가 그와 농구를 하고 싶다.

| terr
떨다 | ▶ | terrific
[tərífik]
a. 멋진, 좋은 | terrible
[térəbl]
a. 끔찍한, 무서운 | ▶ | terribly
[térəbli]
ad. 몹시 |
| | ▶ | terror
[térər]
n. 공포, 두려움, 테러(협박) | terrorist
[térərist]
n. 테러범 | | |

15

** imitate [ímətèit] *v.* 모방하다, 흉내 내다

과거 '복사하다'라는 뜻의 imit에서 파생된 단어.

- She tends to **imitate** the language habits of her mother.
  그녀는 어머니의 언어 습관을 **모방하는** 경향이 있다.

16

** graze [greiz] *v.* 방목하다, 풀을 뜯어 먹다

'풀'을 뜻하는 grass에서 파생되었으며 동물에게 자유롭게 풀을 먹이는 데서 유래.

- Their animals were permitted to **graze** free of charge.
  그들의 동물들은 무료로 **풀을 뜯어 먹는** 것이 허용되었다.

17

★★★ **prompt** [prɑmpt] *a.* 즉시의, 재빠른 *v.* 유발하다, 자극하다

앞(pro)에 있는 것을 곧바로 잡는(empt) 데서 유래.

- This symptom is **prompted** by chemicals.

  이 증상은 화학물질에 의해 **유발되었다.**

18

★★★ **absorb** [æbsɔ́:rb] *v.* 흡수하다, 열중시키다

다른 쪽에 있는 것을 이탈(ab)시켜 자신이 있는 쪽으로 빨아들이는(sorb) 데서 유래.

- Water and salt are **absorbed** into our blood stream.

  물과 소금은 우리의 혈류로 **흡수된다.**

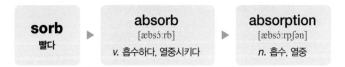

| More Words
| **absorbed in** ~에 열중한

19

*** tremendous [triméndəs] a. 엄청난, 굉장한

지진(trem)으로 떨리게 만드는 것처럼 무언가 떨릴 정도로 엄청난 것을 표현하는 데서 유래.

- Tom has a **tremendous** amount of energy.

  톰은 **엄청난** 양의 에너지를 가지고 있다.

| **trem** 지진 | ▶ | tremor [trémər] n. 떨림 | tremble [trémbl] v. 떨리다 | tremendous [triméndəs] a. 엄청난, 굉장한 | ▶ | tremendously [triméndəsli] ad. 엄청나게 |

20

*** inflation [infléiʃən] n. 통화팽창

'불다'라는 뜻의 fla에서 파생되어 안을 불어 크게 키우는 데서 유래.

- Finance ministers meet this week to discuss how to curb **inflation**.

  재무 장관들은 **통화팽창**을 억제하기 위한 토론을 하기 위해 이번 주에 만난다.

| **fla** 불다 | ▶ | inflate [infléit] v. 부풀다, 팽창시키다 | ▶ | inflation [infléiʃən] n. 통화팽창 | overinflated [òuvərinfléitid] a. 지나치게 부푼 |
| | ▶ | deflate [difléit] v. 공기를 빼다, 수축시키다 | ▶ | deflation [difléiʃən] n. 통화수축 | |